머나먼 세월호 2

박종철출판사는 신의와 신념을 지키기 위해 죽은 우리의 벗을 기억하고자 1990년에
설립되었으며, 그와 함께 꿈꾸었던 세상을 만드는 데 보탬이 되고자 합니다.

머나먼 세월호 2

열린안, 침몰 원인에 대한 과학적 접근

권영빈, 심인환 지음

일러두기

1. 세월호 선체조사위원회의 활동과 관련된 어휘의 표기는 "세월호 선체조사위원
   회 활동 백서"인 『진실을 세우다』(2018년 8월)를 따랐다. 이 백서와 종합보고서
   를 포함하여 세월호 선체조사위원회와 관련된 자료는 '사회적 참사 특별조사위원
   회' 홈페이지 〈자료실〉의 〈세월호선조위〉 항목(http://socialdisasterscommission.go.kr/
   Library/416sewol/416sewol2/List.jsp)에서 볼 수 있다. 회의록을 인용할 때에는 특별한 경
   우에만 쪽을 표시했다

2. 이 책에서 다른 글을 인용할 때는 원문의 표기와 띄어쓰기를 그대로 따랐다. 분명한 오
   타라 생각하는 경우에는 "[– 인용자]"로 표시하고 바로잡은 내용을 덧붙였다.

3. 본문에 실린 사진이나 그림 가운데 일부는 제2장이 끝나는 곳에 모아 별지에 컬러로 다
   시 실었으며, 이 책에서 출처를 따로 밝히지 않은 사진은 필자들이 직접 찍은 것이다.

차 례

추천사

세월호 참사가 발생한 지 7년, 참사의 원인을 규명하기 위한 세월호 선체조사위원회(이하 '선조위') 활동이 공식 종료된 지 3년이 넘었다. 선조위는 특별법으로 정한 "세월호 선체조사", "인양 과정에 대한 지도 · 점검", "미수습자 수습", "세월호 선체 처리에 관한 의견표명"이라는 네 가지 영역에 대해 1년 4개월 동안 활동을 수행하였으나, 참사의 발단이 된 침몰의 원인 규명이라는 본연의 목적을 달성하지 못하고 활동을 종료했다. 부족했던 참사 원인 조사는 지금도 사회적 참사 특별조사위원회에서 계속되고 있지만, 이 책에서 알 수 있듯이 아직 멀어 보인다.

선조위에서 "희생자가족대표" 선출 조사위원으로 함께한 사람으로서 위원회 내부의 이야기를 다 풀어낼 수는 없으나, 온전히 진상규명에만 집중할 수 없었던 그 짧은 시간에 대한 기록이 없음은 늘 개인적인 아쉬움으로 남았다. 열일곱 꽃 같은 자식들을 잃은 가족들이 선출한 조사위원이라는 어마어마한 부담감을 소박한 이웃들의 격려와 회사의 배려로 극복했던 시간들. 돌아오지 못한 미수습자를 찾아 수없이 선체를 오르내리며 기다리고 함께 울던 시간들. 선체를 인양해서야 비로소 드러난 그날의 순간이 담긴 블랙박스의 시간과 공간을 열광과 흥분 속에 퍼즐처럼 맞춰 가던 숨 가빴던 시간들. 그 블랙박스 영상과 희생자들의 마지막 휴대폰 영상의 복원에 대해서마저 잔인하게 돈의 논리로 반대하던 이들을 봐야 했고 표결까지 해서 겨우 복원 사업 추진을 관철했던 슬픈 시간들. 자동차 사고 원인은 운전수가 가장 잘 안다는 '단무지'에 맞서 선박·해양 공학적 분석과 해석의 결과를 바탕으로 대립하고 급기야 진상규명소위원회 위원장 해임 목전까지 갔었던 해괴하고도 어처구니없던 시간들. 조사도 하기 전에 '제도개선'이라는 결론에 의해 종합보고서 기획단이 무력화되는 것을 막기 위해 분투했으나 거꾸로 일방적 결론을 향해 달렸던 기획단에게 뒤통수 제대로 맞았던 시간들. 그래서 결국, 불완전한 결론을 담느니 차라리 내지 말자던 그 종합보고서를 표지를 앞뒤로 뒤집어 "열린안"과 "내인설"로 각각 담아 출간될 수밖에 없었던 정말로 안타까웠던 시간들까지. 이 책을 추천하는 작은 이유 중 하나는 이런 수많은 안타까운 시간이 흐르는 동안 던져진 적어도 침몰 원인의 규명에 관한 한 의미 있는 질문들과 그에 대한 대답들이 이 책에 담겨 있기 때문이다.

선조위가 있기 전까지 세월호 침몰 원인은 여러 단위에서 다음과 같이 일관되게 정리되어 왔다. '복원성이 불량한 선박이 선원의 조타 미숙으로 대각도 횡경사가 발생, 이에 고박이 부실했던 선내 화물이 미끄러져 끝내 복원력을 회복하지 못했고 개구부를 통한 침수로 순식간에 침몰에 이르렀다.' 조사위원회의 임무라고 하는 것이 기본적으로 사실에 기초한 정보를 모으고 이에 대한 과학적, 공학적 분석을 바탕으로 여러 가설을 검증하여 그 진위를 결과로 정리해 내는 것이라고 한다면, 선체를 조사할 수 있기 전까지 세워졌던 이런 가정을 검증해야 하는 것이 당연한 일이리라. 세월호의 복원성이 불량했다던 당시의 상태는 어떠했는지, 그래서 얼마나 불량했는지. 선원들의 조타 실력이 미숙했다면 그 증거는 무엇이며 타의 과도한 사용이 실제 세월호의 사고 궤적을 만들어 내는지. 고박이 부실했다는데 얼마큼 부실했고 그 부실한 정도가 선체의 경사와 화물 이동 모습에 부합하는지. 침수는 어디서 시작되었는지. 유입되는 해수의 양이 만든 결과는 전 국민이 생중계로 보았던 선체의 자세와 시간을 재현해 낼 수 있는지. 앞서 언급한 선조위의 지난했던 시간들에 비춰 본다면 각각의 질문에 대한 검증이 충분했는지 의문은 들지만, 하나하나 짚어 낸 것은 사실이고 그 결과로 기각된 가설이 한둘이 아니었음을 이 책을 통해서 다시금 확인할 수 있다. 이 책을 추천해야 하는 두 번째 이유가 여기에 있다. 선조위 종합보고서에 담긴 가짜를 걸러 내 지금 진짜의 결론을 낼 수 없다면 시간에 비례해서 희미해져 가는 사실에 관한 정보를 모으고 정리해 두어야 함을 이 책은 이야기하고 있기 때문이다.

세월호 외력검증 TF. 상임도 아닌 신분으로 선조위 막판 100여 일 동안 서울, 대전, 목포 그리고 멀리 바다 건너 네덜란드 바헤닝언까지, 정말 발에 땀이 나도록 뛰고 날며 다녔다. 조사 주제를 정하고 각 주제에 맞는 적절한 용역 과제를 설정, 수행하고 그 결과를 분석해서, 과연 그날 세월호의 비정상적인 거동에 외부의 힘이 원인일 수 있는지 최선을 다해 조사했던 기억이 아직도 생생하다. 뭐 결론은 아쉽지만 아직도 열려 있다.

선조위 마지막 날 언론 브리핑 자리에서 한 인터넷언론은 집요하게 외력의 인정 여부로 내인설과의 차이를 설명하려 했고, 열린안 세 명의 위원 간 의견 차이를 드러내며, 그래서 당신도 내인설이 아니냐는 유도심문을 펼쳤다. 언론의 본분도 망각한 채 기삿거리를 위해서라면 수단과 방법을 가리지 않았던 취재 아닌 취재였다. 하지만 열린안은 외력의 인정 여부를 떠나 사고 원인에 대한 모든 가능성을 열어 철저히 검증하고자 했고 그것이 부족하다면 결론을 낼 수 있는 조사를 더, 더 하자는 의견이었고, 그 정점에 세월호 외력검증 TF가 있었을 뿐이다.

끝까지 TF 울타리에서 조선해양공학의 끈을 놓지 않았던 장범선 조사위원께 이 자리를 빌려 다시 한번 감사드리고, 이 책을 기획하고 저술한 두 분께 특별한 고마움을 담아 추천의 글을 맺고자 한다.

권영빈 상임위원은 선조위에서 누구보다 힘든 시간을 보냈다. 화려(?)했던 세월호 특조위 경력을 뒤로하고 선체 전문가들 틈에 끼어 선체조사와 미수습자 수습을 담당하는 1소위원장을 맡아, 그 역할이 막중했으나 해괴한 청문 과정을 거침으로 해서 진상규명의 '공' 뿐만 아니라 '과'까지도 안아야 했다. 그렇지만 끝까지 포기하지 않고 위원회와 TF를 지켜 준 힘이야말로 열린안의 산파라 아니 할 수 없다.

심인환 보좌관은 대학에서 조선해양공학을 전공하고 조선소에서 선형과 유체 분야의 전문가로 함께 일했던 인연을 무기 삼아 어렵게 모신 케이스이다. 비록 '버스 운전수'(!)에 밀려 조사과장이 아닌 보좌관의 신분이 되었지만 말이다. 불의한 사회구조에 항상 열받아 있는 정의로운 이 소시민은 세월호 참사와 같은 해난 사고가 끊이지 않는 바탕에 놓인 한국의 후진적 해사 관행과 그 안에 자리잡은 당사자의 이해관계에 천착한 사고 원인 조사와 허술한 제도를 개선하자는 경종을 울리고자 선조위 출범부터 훗날 열린연구소까지, 공학자이자 과학자로서 기꺼이 본인의 전공 지식을 나누고자 고

군분투한다. 멀지 않을 미래에 우리에게도 미국의 NTSB 같은 중립적 사고 조사위원회가 만들어지는 날, 사익의 무리들에게 통쾌한 정의봉을 날리는 심인환 조사관의 활약을 기대해 본다.

우리는 현재 영화 속 재난이 아니라 재난이 현실인 시대를 살고 있다. 다시는 그 이전으로 돌아가지 못한다는 코로나 시대. 국가적 재난 상황에서 막대한 인적, 물적 피해를 입고 있지만 그나마 메르스 사태에서 얻은 교훈이 피해를 최소화하는 데 훌륭한 거름이 되었음을 상기할 때, 우리 사회는 세월호 참사로부터 무엇을 배울 것인가? 세월호 참사 진상규명의 최종 목적이 2014년 세월호 특별법의 이름에 담긴 것처럼 "안전사회 건설"에 있다고 할 때, 세월호 이전과 이후의 한국 사회는 달라야 한다.

부디 제대로 된 조사를 통해 304명의 무고한 인명이 희생된 국가 재난의 원인을 규명하고 다시는 그와 같은 비극이 반복되지 않기를, 그래서 모든 사람이 여행을 마치고 집으로 안전하게 돌아오는데 이 책이 작은 도움이 될 수 있기를.

2021년 12월
세월호 선체조사위원회 (전) 비상임위원 이동권

여는 글

2018년 8월 6일, 세월호 선체조사위원회가 활동을 마친 날이다. 세월호 선체조사위원회는 박근혜 정부에서 강제해산 당했던 4·16 세월호참사 특별조사위원회('세월호 특조위')와 달리 활동을 마치면서 국민에게 종합보고서를 제출했다. 그런데 매우 안타깝게도 단일한 결론으로 정리된 종합보고서가 아니었다.

그날 언론은 세월호 선체조사위원회가 약 1년 4개월 동안의 활동 결과로 단일한 결론을 내리지 못한 채 "내인설"과 "열린안"이라는 서로 다른 두 결론을 발표하면서 활동을 종료했다는 취지로 보도했다. 목포 지역의 한 방송사는 뉴스에서 "내인설 주장 측 - 과거 검경합수부·해양심판원 자문 활동", "열린안 주장 측 - 특조위 1기·조선공학자 출신"으로 간명하게 분석하기도 했다.

내인설과 열린안!

형식적으로만 보면, 세월호 선체조사위원회가 내린 서로 다른 두 가지 결론이다. 그러나 실상을 자세히 들여다보면, 세월호 선체조사위원회의 새로운 결론은 열린안으로 귀결된다. 세월호 선체조사위원회의 유일한 결론은 열린안이라고 해도 무방하다. 내인설은 세월호 선체조사위원회 설립 이전부터 마치 세월호 침몰 원인으로 당연한 것처럼 취급되던 것으로서, 세월호 선체조사위원회에서도 일부 위원의 의견은 예전의 그 견해를 그대로 답습한 것에 불과하기 때문이다.

참사 4개월 만인 2014년 8월에 작성되어 당시 검찰과 법원에 제출된 검경 합동수사본부 전문가 자문단 보고서인 「여객선 세월호 침몰 사고 원인분석 결과 보고서」, 2014년 10월 6일 발표된 대검찰청의 「세월호 침몰사고 관련 수사 설명자료」, 2014년 12월 29일 공개된 해양안전심판원 특별조사부의 「여객선 세월호 전복사고 특별조사보고서」 등 정부기관의 공식적인 발표는 온통 "내인설" 일색이었다. 그러니 세월호 선체조사위원회에 그 예전의 내인설이 여전히 존재하는 것은 전혀 이상한 일이 아니다. 물론 세월호 선체조사위원회 활동 종료 이전까지는 "내인설"이라는 이름으로 불린 것은 아니었다.

세월호 선체조사위원회가 단일한 결론을 내리지 못한 것에 불만을 가진 사람이 있을 수도 있다. 세월호 선체조사위원회의 활동에 여러 평가가 있을 수도 있다. 그나마 다행스러운 것이 있다면, '4월 16일의 약속 국민연대'(4·16연대)는 2018년 8월 10일 논평 「세월호 선체조사위원회 활동 종료에 부쳐」를 통해 아래와 같이 세월호 선체조사위원회 활동을 긍정적으로 평가했다는 것이다. 그 평가는 매우 중요하다.

선체조사위원회 내에는 박근혜 정부 당시의 검경 합동수사본부와 중앙해양안전심판원이 내린 결론을 인양된 선체를 통해 다시 확인하여 굳히려는 방향과 새로운 증거를 확보하여 어떤 가능성도 배제하지 않고 규명하려는 두 가지 방향이 존재하였다. 이 두 가지 방향이 충돌하였던 과정이 수없이 노정되었던 것도 사실이다. 실제로 선체조사위원회에는 검경 합수부와 해심원 전문가 자문단 출신들이 위원으로 참가하였다.

(중략)

또한, 조사 과정에서 외력 가능성을 배제할 수 없는 등 새로운 증거가 확보되고 과학적 논증을 통해 파악된 결과는 모든 가능성을 열어놓고 조사해야 할 필요성을 도출한 소중한 성과가 아닐 수 없다. 특히 블랙박스 영상의 증거 확보는 세월호를 침몰에 이르게 한 '침수와 전복'이 중력가속도를 뛰어 넘는 짧은 시간 안에 빠르게 일어난 변화로서 비정상적인 급선회와 급경사에 기인했음을 알려준 핵심적 성과라 할 수 있다. 이러한 과정은 어떠한 성역과 선입견, 정치적 견해와 이권, 사회적 타협과 무관하게 객관적이고 과학적인 합리적 논증을 통한 실체적 진실을 규명해야 할 필요성을 보여준 특기한 결과라 할 수 있다.

세월호 선체조사위원회는 국회를 통과한 특별법에 의해 설립된 국가기구이다. 공식적으로 종합보고서를 남겼으므로 기본적인 임무는 마쳤다고 볼 수 있다. 그러나 여전히 아쉬움이 남는다. 종합보고서의 결론이 서로 다른 두 개라서 그런 것이 아니다. 두 결론 중 어느 하나라도 세월호 침몰 원인을 정확하게 설명했다면 괜찮았을 것이다. 세월호 선체조사위원회의 서로 다른 두 결론은 역설적으로 아직도 세월호 침몰 원인을 밝혀야만 한다는 과제를 제기하고 있다. 덧붙이면, 세월호 선체조사위원회가 활동을 마치고 3년 넘는 시간이 흘렀지만 세월호 침몰 원인과 관련해서 새롭게 더 밝혀진 것이 없다.

이 지점에서 세월호 선체조사위원회의 활동을 종합보고서가 아닌 또 다른 기록으로 남겨야 한다는 문제의식이 싹튼다. 그렇다면 어떤 기록을 남겨야 할까? 세월호 선체조사위원회 이전의 결론을 반복하는 내인설에 관해서는 그럴 필요를 느끼지 못한다. 당연하게도 세월호 선체조사위원회의 '유일한' 성과라고 할 수 있는 열린안에 관련된 내용을 담아야 한다.

열린안의 기초가 되고 열린안을 정리해 낸 '세월호 외력검증 TFT'의 활동이 머릿속에 떠오른다.

세월호 외력검증 TFT는 세월호 선체조사위원회 전원위원회 의결을 통해서 만들어졌다. 세월호 선체조사위원회 제1소위원회 위원장 권영빈, 위원 이동권, 장범선, 그리고 보좌관 심인환과 여러 조사관이 TFT에 참여했다. 2018년 4월 19일 제1차 회의부터 2018년 8월 3일 해단식까지 약 3개월 보름 정도의 짧은 기간 동안 많은 일을 했다. 2018년 7월 31일 세월호 선체조사위원회 전원위원회에 「세월호 외력검증 TFT 조사결과보고서」를 제출했다. TFT가 세월호 침몰 원인과 관련하여 최종적인 결론을 내리지는 못했지만, 어쩌면 세월호 참사 진상규명 운동 과정 전체에서 가장 과학적이고 객관적인 활동 결과물을 남겼는지도 모르겠다.

이 책은 객관적인 기록이다. 세월호 선체조사위원회 활동은 세월호 참사 희생자 유가족(이하 "세월호 유가족"으로 표현), 언론, 국민에게 전면 공개되어 있다. 그리고 사회적 참사 특별조사위원회 홈페이지 자료실에 세월호 선체조사위원회 활동 결과가 보존되어 있다. 이 책에 등장하는 날짜, 숫자, 인명, 지명 등은 정확하게 기록하려 했다. 세월호 외력검증 TFT 활동 내용도 최대한 객관적으로

서술하려고 노력했다. 그러나 활동에 대한 평가에는 필자들의 주관적 판단이 들어가 있을 수 있음을 밝혀 둔다. 필자들의 평가와 주관적 판단에 관한 비판이 주어진다면, 그것은 전적으로 필자들이 감당해야 할 몫이다.

우리는 피타고라스를 알고 있다. 기원전 580년부터 기원전 500년까지 살았던 정치가, 수학자, 철학자이다. 피타고라스와 그의 계승자들은 피타고라스의 사상을 주축으로 학파를 형성했다. 피타고라스학파는 우주가 정수의 비로 나타낼 수 있는 유리수로 이루어져 있다고 믿었고, 피타고라스의 정리를 발견했다. '직각삼각형의 빗변의 제곱은 다른 두 변의 제곱의 합과 같다.' 피타고라스학파는 환호했다. 그런데 피타고라스의 정리 때문에 피타고라스학파는 곤란한 상황에 처하게 되었다. 밑변과 높이가 모두 1인 직각삼각형의 빗변의 길이를 정수로 나타낼 수 없다는 게 확인된 것이다. 피타고라스의 정리를 이용하여 제곱해서 2가 되는 수($\sqrt{2}$), 즉 유리수가 아닌 수를 피타고라스의 제자인 히파수스가 발견했다. 피타고라스학파는 히파수스에게 침묵을 요구했다. 그러나 진실을 숨길 수 없었기에 히파수스는 피타고라스학파의 배신자가 되었고, 결국에는 동료들에 의해 죽음을 당했다.

피타고라스학파와 히파수스의 일화는 진실 찾기가 얼마나 어려운지를 우회적으로 보여 준다. 세월호 참사라는 결과를 목도하고 나서 세월호 침몰 원인을 설명하기는 매우 어려운 일이다. 어려움 속에서도 방향을 잃지 않고 앞으로 나아가기 위해서는 시종일관 과학적이고 객관적인 접근 방법을 유지해야 한다. 진실을 찾는 과정은 지난하고, 중간중간 많은 어려움에 가로막히기도 하고, 어떤 경우에는 일시적으로 퇴보하기까지 한다. 그럼에도 불구하고 진실을 찾기 위한 노력을 중단할 수는 없다.

세월호 참사 7주기를 보내고 그동안 정부가 바뀌기도 했는데 세월호 참사 진실규명이라는 과제는 여전히 우리 앞에 놓여 있다. 세월호 선체조사위원회의 활동, 세월호 외력검증 TFT의 활동을 한 권의 책으로 정리하는 건 앞으로도 계속될 세월호 참사 진실규명 과정에 밑거름이라도 되고 싶은 마음의 표현이다.

끝으로 세월호 선체조사위원회에서 함께 고생하였고 추천의 글을 써 주신 전 세월호 선체조사위원회 이동권 비상임위원과 그동안의 활동 내용을 책으로 낼 수 있도록 수고해 주신 박종철출판사 분들께 감사드린다. 더불어 필자들이 세월호 선체조사위원회 활동을 하는 동안 필자들을 믿어 주고 조용히 응원해 준 가족들에게 고마운 마음과 깊은 사랑을 전한다.

2021년 11월

열린연구소 소장 권영빈(전 세월호 선체조사위원회 상임위원)
열린연구소 연구위원 심인환(전 세월호 선체조사위원회 보좌관)

1 세월호 솔레노이드 밸브 고착이라는 허구

세월호 참사와 관련해서 "솔레노이드 밸브 고착"이라는 말이 회자되었고 지금도 회자되고 있다. 아마도 세월호 선장 및 선원에 대한 2015년 4월 28일 광주고등법원 항소심 판결문에 처음 등장하여 세간에 알려졌을 것이다. 그 판결문에는 "솔레노이드 밸브 고착 현상이 발생했을 가능성이 있다는 검사의 주장에 대한 의문점"에 대한 "소결론"으로 다음과 같이 적혀 있다.

물론 이 법원에 변호인이 제출한 증거자료나 기존 증거들에 의하더라도 조타기에 솔레노이드 밸브 고착 현상 등의 고장이 발생하였거나 프로펠러가 오작동 하였다고 단정할 수 없다. 세월호를 해저에서 인양하여 관련 부품들을 정밀히 조사한다면 사고 원인이나 기계 고장 여부 등이 밝혀질 수도 있다. 그러나 형사재판에서 증명책임은 검사에게 있으므로 사고 원인을 모를 때에는 피고인들에게 유리하게 판단할 수밖에 없다.

솔레노이드solenoid란 도선導線을 촘촘하게 대롱 모양으로 감은 코일을 말하며, 여기에 전류를 흘리면 전자석이 된다. 솔레노이드를 이용한 밸브는 전기신호에 따라 열고 닫도록 설계되었으며, 선박에서는 밸브가 열리고 닫히면서 유압을 발생시켜 그 유압으로 방향타(러더)를 돌리는 역할을 한다. 기름 찌꺼기가 끼이는 등의 이유로 솔레노이드 밸브가 고착되면 전기신호와 관계없이 방향타가 계속 돌아갈 수 있다.

2015년 11월 12일 대법원도 "사고 당시 세월호의 항적이 세월호 건조 당시 우현 최대 타각 35도로 한 선회시험에서의 항적과 거의 일치하여 위 솔레노이드 밸브 고착 현상에 의해 타가 우현 최대 타각 위치까지 비정상적으로 작동하였을 가능성을 뒷받침하는 점"이라고 세월호 선장 및 선원 재판 판결문에 명시하여, 다시 한번 솔레노이드 밸브 '고착 가능성'을 열어 놓았다.

시간이 흘러 2017년 3월 23일, 동거차도 앞바다에 가라앉았던 세월호가 1,073일 만에 수면 위로 올라왔고, 인양된 세월호는 며칠 후 목포신항 부두에 거치되었다. 세월호 인양 시점에 맞춰 세월호 선체조사위원회가 출범했고, 그 뒤 세월호 침몰 원인에 대한 과학적인 조사가 진행되었다.

인양된 세월호는 그 자체가 세월호 침몰 원인을 밝혀 줄 결정적인 증거물이었다. 따라서 세월호가 물 밖으로 인양되었다는 사실만으로도, 국민과 세월호 유가족에게 침몰 원인을 밝힐 수 있다는 기대감을 주기에 충분했다. 세월호 선체조사위원회는 인양된 세월호에서 침몰 원인을 밝힐 단서가 될 만한 것들을 찾았다. 그러나 세월호 선체조사위원회가 처한 현실적인 제약 때문에, 처음에는 리프팅 빔(lifting beam, 인양을 위해 설치된 기둥)으로 선체 좌현이 가려진 상태의 세월호 외관을 둘러보거나 세월호 화물칸에 실려 있던 자동

마지막으로 출항하기 전인 2014년 4월 15일 오후 4시 17분에 촬영한 세월호 타기실(『세월호 선체조사위원회 종합보고서 본권 - I 침몰원인조사 열린안』, 92쪽)

차의 블랙박스를 수거하는 등 소극적인 활동만 할 수 있을 뿐이었다. 2017년 7월 10일 세월호 선체조사위원회 조사관들(별정직 공무원)이 처음으로 출근하였어도, 여러 가지 사정으로 인해, 침몰 원인을 밝히기 위한 선체조사 활동이 곧바로 진행되기는 어려웠다. 세월호 인양 후 5~6개월이 지나서야 세월호 선체 내부 진입이 가능해졌고 선체조사 활동에 속도가 붙기 시작했다.

솔레노이드 밸브 고착 여부를 확인하기 위해서는 먼저 조타실에 진입하여 조타기의 상태를 살펴보고 조타기의 유압기기를 분해하여야 한다.

2017년 10월 세월호 조타실에 처음 들어가고 2018년 초에 다시 들어가 사전조사를 마치고, 얼마 뒤에 솔레노이드 밸브가 들어 있는 전자유압절환밸브를 세월호 조타실에서 외부로 반출하여 유압기기와 전자유압절환밸브의 내부를 점검했다. 세월호 조타기 제조업체인 가와사키중공업에서 이 과정을 주도했고, 전자밸브의 분해 점검

선체 직립 추진을 의결한 2017년 10월 27일 오전 11시에 촬영한 솔레노이드 밸브

은 일본 니시에 있는 가와사키중공업 공장에서 진행되었다. 모든 과정에 세월호 선체조사위원회 조사관과 세월호 유가족이 참여했다. 그 결과물로 가와사키중공업이 작성한 2018년 2월 23일 자 「세월호 조타기 검사 최종보고서」(『세월호 선체조사위원회 최종보고서. 부속서 Ⅳ』, 426~467쪽)가 세월호 선체조사위원회에 제출되었다.

그 후 어느 날, 정확하게는 2018년 5월 9일 세월호 선체조사위원회 위원장이 모 언론과의 인터뷰 중간에 솔레노이드 밸브와 관련해서 이렇게 발언했다. "저희들이 최근에 타기 쪽에 솔레노이드 밸브라고, 타기가 그러니까 방향타입니다. 방향타를 조정하는 장치가 있는데 이게 고착이 된 걸 발견해서 사실 인양되지 않았으면 저희들이 확인할 수 없는 걸 확인했고요. 그걸 조금 더 과학적으로 정밀하게 검증하기 위해서 현재는 작업을 진행 중입니다."

세월호 선체조사위원회 위원장은 솔레노이드 밸브 고착을 "발견"했다고 했다. 솔레노이드 밸브 고착을 과학적으로 검증한 게 아니라 발견했다고 주장하다니 좀 어이가 없다.

그로부터 이틀 후 한 탐사보도 전문매체에서 세월호 침몰 원인이 밝혀진 것처럼 보도했다. 〈그날, 세월호가 쓰러진 이유…, 솔레노이드 밸브 고착〉. 언론의 자유가 있으니 제목을 어떻게 하든, 그 내용을 무엇으로 채우든 누구도 뭐라 할 게 없다.

세월호 선체조사위원회 위원장의 언론 인터뷰 발언과 탐사보도 전문매체의 보도 내용을 그대로 따른다면, 세월호 참사 진상규명 운동은 이제 큰 고비를 넘어 종착역을 바라보게 되었다. 세월호 침몰 원인은 규명되었으니 말이다. 세월호 선체조사위원회도 맡은 바 소임을 완수했으니 마무리만 잘하면 될 일이다.

그러나 안타깝게도, 솔레노이드 밸브 고착을 "발견"했다고 떠드는 사람들이 있을 뿐, 솔레노이드 밸브 고착이 객관적으로 확인되거나 검증된 적은 한 번도 없다.

세월호 조타기를 분해해 점검했던 가와사키중공업이 작성하여 제출한 「세월호 조타실 검사 최종보고서」에서 "솔레노이드 밸브 고착"이라는 표현은 끝내 발견되지 않았다. 세월호 선체조사위원회 용역 담당 조사관들은 납품받은 보고서의 내용을 검토한 뒤 가와사키중공업에 보고서의 내용을 수정할 수 있는지 물어보았다. 솔레노이드의 철심에서 발청과 부식이 확인되었다고 하는데 "'이러한 부식은 고착을 유발하는 원인으로 작용할 수 있다'라는 추가 의견을 제시할 수 있는가?" 물었던 것이다. 그들의 답변은 항상 "NO"였다.

통상, 푸시로드에 움푹 패인 곳이 생겨도 스풀 움직임에 방해를 받는 일은 없습니다. 장시간 정지되어 있으면서 습동부에서 발청 등의 현상이 생기지 않는다면, 스풀이 안 움직이게 되는 일은 생기기 어렵다고 생각합니다. 따라서 추가의견을 제시할 수 없습니다."(「최종보고서 수정 및 보완 시정 요구서에 대한 회신」, 『세월호 선체조사위원회 최종보고서. 부속서-Ⅳ』, 444쪽)

이런 과정을 거쳐서 세월호 선체조사위원회는 가와사키중공업이 작성한 2018년 2월 23일 자 「세월호 조타기 검사 최종보고서」를 최종적으로 납품받았다. 물론 그 최종보고서에서 솔레노이드 밸브 고착이라는 표현이나 그와 관련된 내용은 발견되지 않는다.

솔레노이드 밸브 고착을 '발견'했다고 주장하는 사람들은 위 최종보고서의 "솔레노이드 밸브의 B 솔레노이드 측에서 눌려진 상태(스풀이 중립이 아닌 상태)였음"(같은 책, 428쪽)이라는 문장에 매우 아쉬움을 표현한다. "눌려진 상태"가 '고착'이라는 입장인가? 그래서 내인설 입장에서 작성된 「조타장치와 조타 과실 여부에 관한 조사결과 보고서」의 "라) 솔레노이드 밸브 고장 현상 발견"이라는 항목에는 이렇게 적혀 있다. "용역 주관 업체인 타기 제조사는 솔레노이드 고착 현상에 대한 선조위의 자세한 설명 요청에 대하여 'B 솔레노이드 측에서 눌려진 상태(스풀이 중립이 아닌 상태)'라는 표현을 사용했다. 본 보고서에서는 솔레노이드 고착이라는 표현 대신 눌림으로 사용하도록 한다."(『세월호 선체조사위원회 최종보고서. 부속서 Ⅱ』, 44쪽)

"고착"이란 단어는 '물건 같은 것이 굳게 들러붙어 있음'이라는 뜻으로, 고착된 물건은 서로 분리되지 않는다. 따라서 고착된 줄 알았던 부품이 매끄럽게 움직인다면 고착이라고 말할 수 없다.

세월호 선장 및 선원 재판 항소심 재판부 판결문(2015년 4월 28일 광주고등법원)에 솔레노이드 밸브 고착에 관해 설명한 부분이 있다.

> 그런데 노후한 선박의 경우 솔레노이드 밸브 안에 있는 스풀(spool, 솔레노이드 밸브 안에서 좌. 우로 움직이는 장치)에 오일 찌꺼기인 슬러지가 끼는 경우 스풀이 고착되는 현상이 발생하고 스풀이 이동한 채로 고착되면 솔레노이드 밸브가 닫히지 않고 계속 열려 있어 유압이 계속 작용함으로써 조타기 작동 여부에 관계없이 러더가 일정 방향으로 계속 돌아가 35도 전타 위치까지 가게 된다.

세월호 선체조사위원회에 최종적으로 납품한 가와사키중공업의 보고서는 다음과 같은 내용으로 끝난다.

> (4) 유압기기의 분해점검으로 다음 사항을 확인하였습니다.
> · 파일럿 밸브의 좌우 커버를 분리하여 스풀이 매끄럽게 움직이는 것, 스풀 외경과 케이싱 내경의 치수를 계측하여 이상이 없음을 확인하였습니다.
> · 전자유압절환밸브(메인 밸브)의 스풀은 P측, S측 모두 중립위치였습니다.
> · 메인 밸브의 좌우커버를 분리하여 스풀이 매끄럽게 움직이는 것, 스풀 외경과 케이싱 내경의 치수를 계측하여 이

상이 없음을 확인하였습니다.

· 유압펌프의 내부를 확인하여, 이상이 없음을 확인하였습니다.

이들 결과로, 이번 조사에서, 조타기를 구성하는 각 유압기기에 작동불량이 발생하도록 하는 손상이나 부적합(不具合), 치수불량 등은 발견할 수 없었습니다. (『세월호 선체조사위원회 최종보고서. 부속서 Ⅳ』, 434쪽)

가와사키중공업은 "B 솔레노이드 측에서 눌려진 상태(스풀이 중립이 아닌 상태)였음"이 발견됐지만 그것이 "유압기기에 작동불량이 발생하도록 하는 손상" 등은 아니라고 결론을 내렸다. 다시 말하면, 유압기기를 분해할 당시에 스풀이 중립이 아닌 상태로 발견되었지만 분해한 다음 작동 여부를 점검해 보니 스풀이 매끄럽게 움직여 고장이 아니었다고 판단한 것이다. 조타기 유압기기의 고장이 없었으니 최종보고서에 "솔레노이드 밸브 고착"이라는 표현을 쓸 수가 없었다.

여전히 세월호 조타기의 솔레노이드 밸브 고착이 '발견'되었다고 믿는 사람들이 일부 있다 하더라도 그 '발견'이 세월호 침몰 원인을 설명하는 것은 아니라는 점을 덧붙여 둔다. 세월호 사고 발생 순간에 솔레노이드 밸브가 진짜로 고착되었다면 세월호는 그렇게 침몰하지 않았을 것이다. 차라리 그랬으면 4월 16일의 참사는 일어나지 않았을지도…….

2 음모론에서 해방된 '외력설'

오랫동안 세월호 침몰의 원인과 경위가 명확하게 밝혀지지 않은 채 세월호 참사 진상규명 운동이 전개되었다. 미궁에 빠진 세월호 침몰 원인에 대해 항간에 여러 가지 이야기가 떠돌아다녔다. 이러쿵저러쿵.

떠도는 이야기들에는 이름이 붙었다. "인신 공양설", "기관실 폭파설", "앵커 침몰설", "닻 던지기설", "항적 이동설" 등. 이들은 소위 "고의 침몰설" 또는 "음모론"의 다른 이름으로 보아도 무방하다. 그런데 어떤 이름은 고의 침몰설과는 성격을 달리 하면서도 오랫동안 음모론의 한자리를 차지하고 있었다. 소위 "외력설"이 그렇다.

사실 "외력설"은 음모론이 아니라 "내인설"과 대비되는 이름이다.

내인설은 통상적인 배의 거동(일반적이고 정상적인 운항)에서 세월호 침몰 원인을 설명하고자 하는 입장으로서, 배의 운항 중 선원의 실수나 선체 기기 고장 등으로 인해서 배가 정상적인 운항 경로를 벗어남으로써 세월호 참사가 발생했다고 보면서 배의 복원성 불량을 사고 원인으로 삼고 있다. 과거 검찰의 '대각도 조타설'이나 법원에서 언급한 '솔레노이드 밸브 고착설'이 대표적인 내인설이다. 배의 특성상 운항 중에 언제든지 또는 매우 드물게 (해상) 사고가 발생할 수 있다는 전제에 기반하여 세월호 참사의 원인을 설명한 것으로 보인다.

이에 반해 외력설은 통상적인 배의 거동(일반적이고 정상적인 운항)이 아닌 외부적 요인으로 세월호 침몰의 원인을 설명하고자 하는 입장으로서, 배의 운항 중 배 자체의 거동 이외의 외부 힘(그것이 구체적으로 무엇인지 알지 못한다 해도)에 의해 정상적인 운항 경로를 벗어남으로써 세월호 참사가 발생했다고 본다. "잠수함설"이 대표적인 외력설이다. 세월호 참사는 배의 통상적인 운항만으로는 발생할 수 없는 사고라는 전제에 기반한 것으로 보인다.

따라서 외력설이 고의 침몰설 또는 음모론으로부터 분리되는 것은 당연하면서도 자연스러운 일이다. 왜냐하면 외력설은 과학적 분석을 통해서만 입증될 수 있는 것이지 음모론과는 무관하기 때문이다.

2018년 4월 13일 금요일 오후 4시 55분경 세월호 선체조사위원회 서울사무실(나라키움 저동빌딩 7층)에서 제18차 전원위원회가 열렸다. 의결 안건은 "세월호 좌현 핀안정기에 관한 조사 개시 결정", 단 한 건이었다. 세월호 선체조사위원회 위원장이 당일 오후 3시 예정으로 긴급하게 전원위원회를 소집했는데, 위원장 포함 재적위원 8명 중 5명이 참석해서 회의가 개최될 수 있었다.

세월호 선체조사위원회 제18차 전원위원회는 소위 '외력설'을 음모론에서 해방시킨 매우 결정적인 회의이다. 세월호 선체조사위원회 위원장은 선조위에 자이로컴퍼스 성능실험에 관한 용역보고서, 세월호 핀 안정기 내·외부 개방 및 정도 검사 용역보고서, 세월

선체를 직립한 후인 2018년 5월 14일의 세월호 선수 갑판

호 블랙박스 특정 장면에 대한 용역보고서가 입수되었는데 "위의 세 가지 용역보고서 입수 후 선조위 내부에서 참사 당일 세월호 좌현 핀 안정기 쪽이 수중물체에 의하여 선미에서 선수방향으로 충격된 것이 아닌가 하는 의문이 제기되었"다고 하면서, "새로운 외력설에 대한 검토 없이 참사 원인에 대한 조사를 마무리할 수 없"으니 "주어진 기한 내에 가능한 범위까지 조사에 착수하여 의혹을 해소할 필요가 있"다고 주장하였다(「세월호 선체조사위원회 제18차 전원위원회 회의록」 4~5쪽).

세월호 선체조사위원회 전원위원회는 위원장의 제안에 따라, 세월호 참사 당일 좌현 핀 안정기가 외부 물체와 충돌했는지 여부를 확인하기 위하여 세월호 선체조사위원회 내에 태스크포스TF를 구

인양 과정에서 상하이샐비지가 해저에서 절단한 세월호 앵커(2016년 1월 18일 촬영)

성하기로 의결하였다. "핀 안정기fin stabilizer"란 배가 선체 중앙을 중심으로 좌우로 번갈아 진동하는 것, 즉 횡동요橫動搖를 줄이기 위해 배의 양쪽에 물고기의 가슴지느러미처럼 달려 있는 장치이다.

당일 전원위원회에 참석했던 위원 전원의 지지를 받은 이동권 비상임위원이 팀장을 수락했고, 위원장은 이동권 팀장에게 팀 구성에 관한 권한을 포함하여 필요한 모든 조사를 할 수 있도록 전권을 위임하였다.

세월호 선체조사위원회 제18차 전원위원회는 TFT를 구성하고 팀장을 결정하는 것으로 그 역할을 다했다. 팀 이름도 정하지 않았고, 앞으로 팀에서 구체적으로 무엇을 할 것인지도 의결하지 않았다. 전적으로 팀과 팀장에 의해 결정될 것이었다.

2018년 4월 19일 목요일 오전 10시 세월호 선체조사위원회 서울사무소에서 TFT 제1차 회의가 열렸다. 당시 이동권 팀장과 심인환 보좌관을 비롯한 팀원 4명과 권영빈 상임위원 등 총 6명이 참석해서 "세월호 외력검증 TF"라는 팀 이름을 결정하였다. 그리고 TFT 제1차 회의를 통해 팀의 조사 목적과 조사 범위가 설정되고 조사 일정 및 조사 계획이 정해졌다. "세월호의 침몰 원인으로 제기되는 외력 의혹을 해소하고, 참사 당시 세월호의 항적과 배의 이상 거동의 발현 가능성의 관점에서 검증 및 분석을 통해 세월호의 침몰 원인 규명에 기여"한다는 조사 목적을 이루기 위해 매주 1회 정례 회의를 개최하여 조사 내용을 심도 있게 검토하기로 했다.

그 후 세월호 선체조사위원회 서울사무소에서 거의 매주 정례 회의를 열어 2018년 7월 18일 수요일 제12차 회의를 마지막으로 세월호 외력검증 TFT는 정례 회의를 끝냈다. 제12차 회의에는 이동권 팀장과 심인환 보좌관을 비롯한 팀원 6명, 장범선 비상임위원과 권영빈 상임위원 등 총 9명이 참석해서 활동을 마무리하고, 2018년 7월 말경 세월호 선체조사위원회 전원위원회에 그동안의 활동 결과를 보고하고 적절한 시기에 TFT를 해단하기로 마음을 모았다. TFT 정례 회의는 대부분 세월호 선체조사위원회 서울사무소에서 진행되었는데, 2018년 5월 9일 제4차 정례 회의는 세월호 선체조사위원회 목포사무소에서 외부 자문위원과 팀원이 아닌 조사관들도 많이 배석한 상태에서 개최되었다.

세월호 외력검증 TFT는 외력설과 관련하여 "진상규명의 의혹과 쟁점"을 정리하고 활동을 시작하였다. 회의를 통해 아래와 같이 정리된 의혹과 쟁점은 세월호 선체조사위원회의 활동 과정에서 제기된 의문에 대해 일체의 선입견을 배제하고 정리한 것으로서, 객관적이고 과학적인 조사 필요성을 확인한 것이다. 부록으로 실린 「세월호 외력 검증 TFT 조사결과 보고서」의 "2. 진상 규명의 의혹과 쟁점"에도 담겨 있지만, 그대로 옮겨 본다.

가. AIS 데이터상의 비정상적인 급우선회

자이로컴퍼스 성능실험에 대한 용역보고서에 따르면, 세월호의 자이로컴퍼스가 45도 이상 기울어진 상황에서도 정상 상태와 큰 차이 없이 작동하는 것으로 보고되었다. 세월호 참사 당시 AIS상 08시 49분경 ROT가 비정상적으로 급우선회하는 것으로 나타나는 현상이 검경합수부의 보고와는 달리 자이로컴퍼스의 세차운동의 결과가 아닐 수 있다는 의혹

나. 핀 안정기의 과도한 회전

핀 안정기 내·외부 개방 및 정도 검사 용역보고서에는 세월호 좌현 핀 안정기가 최대로 작동할 수 있는 각도인 25도를 초과하여 약 51도까지 비틀려 있고, 핀 축 표면과 그 접촉 면인 내부 보스(boss)부 표면에 과도한 외력에 의하여 핀이 축으로부터 원주 방향으로 강제 회전되었을 때 나타날 수 있는 긁힌 자국(scratch)이 발견되었다고 보고되었으며, 이 역시 외력설의 근거가 될 수 있다는 의혹.

다. 블랙박스 화물자동차의 이상 거동

블랙박스 특정 장면에 대한 용역보고서상 세월호에서 수거한 블랙박스에서 복원한 특정 영상의 초기 분석 결과 세월호 참사 당시 횡경사에 의하여 미끄러진 자동차에 1G($9.8m/s^2$) 정도에 해당하는 가속도의 충격이 가해진 것

으로 보고되었고, 이는 통상적인 선회 과정에서 발생하는 가속도(0.02G)의 50배에 상당하는 충격이 가해지지 않으면 발생하지 않는 현상으로 역시 외력 작용의 의혹 (『세월호 선체조사위원회 종합보고서. 부속서-Ⅲ. 조사결과보고서 Ⅳ』, 57쪽)

"AIS"는 선박의 위치, 속력, 제원, 화물의 종류 등 각종 정보를 자동으로 송수신하는 선박자동식별시스템Automatic Identification System을 말한다. "자이로컴퍼스"는 선박에서 방향을 가늠하는 기구이다. "ROT"는 "Rate of Turn"의 줄임말이며, 선회율, 즉 선수방위각의 단위시간당 변화율을 말한다. "횡경사"란 선박이 좌나 우로 기울어진 것을 말하며, 횡경사각의 단위시간당 변화율을 "ROH(Rate of Heel)"라고 ROT와 비슷한 개념으로 세월호 선체조사위원회에서 정의했다.

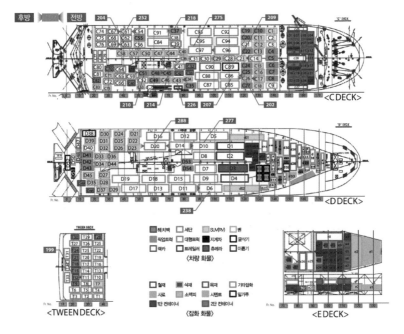

차량용 블랙박스 발견 위치와 카메라 방향(42쪽)

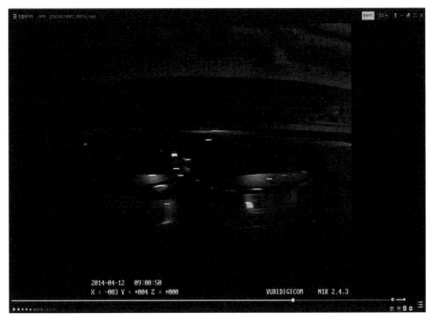

SEDF-199의 블랙박스에서 복원된 장면(43쪽)

2018년 5월 10일 오전 직립 과정의 세월호(60쪽)

2018년 5월 10일 오후 직립 성공 후의 세월호(61쪽)

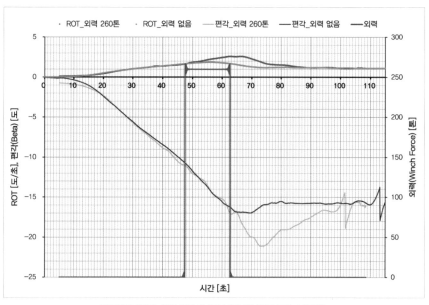

MARIN 제3차 모형시험 중 일부 데이터 비교 도표 1(76쪽)

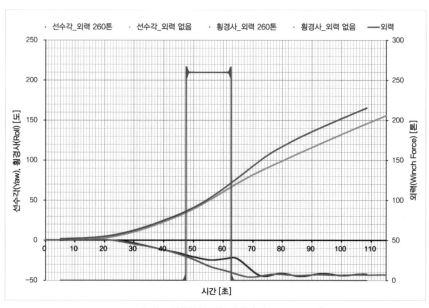

MARIN 제3차 모형시험 중 일부 데이터 비교 도표 2(76쪽)

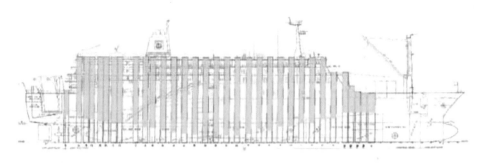

그림 1. 선체 좌현 아래에 위치한 리프팅 빔들의 위치. 리프팅 빔들과 선측외판의 접촉부위는 노란색으로 강조되었음.

세월호 선체조사위원회의 용역을 맡은 외국의 조사업체가 2017년 12월의 보고서에 실었고 세월호가 직립된 후 새로운 조사를 거치지 않고 2018년 6월에 제출한 보고서에 그대로 다시 실은 그림(104쪽)

세월호 선체조사위원회 활동 종료가 며칠 안 남은 2018년 8월 1일 멀리서 본 세월호 좌현(106쪽)

세월호 좌현 핀 안정기 위쪽 외부 선체의 손상(108쪽)

세월호 좌현 핀 안정기 내부 프레임의 손상(109쪽)

KBS 세월호 특별취재팀이 복원하여 정리한 블랙박스 동영상 중에서 오전 8시 49분 43초 이후 캡처 사진(47쪽)

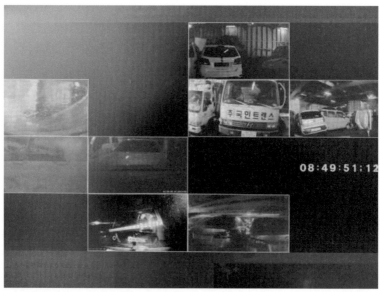

KBS 세월호 특별취재팀이 복원하여 정리한 동영상 중에서 오전 8시 49분 50초 이후 캡처 사진(129쪽). 위의 오전 8시 49분 44초 캡처 사진과 비교하면 변화를 확인할 수 있다

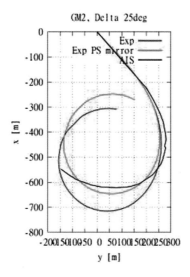

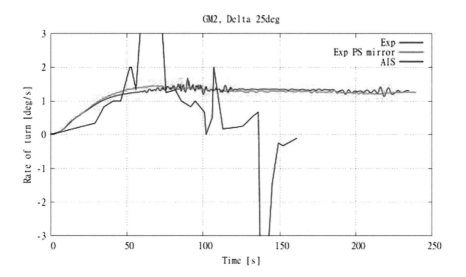

AIS 데이터와 비교한 2018년 2월 자유항주 시험 결과(148쪽)

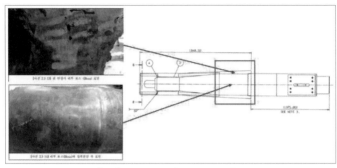

[그림 1] 핀 샤프트와 보스 접촉부 표면의 스크래치 형상

4) 용역 결과 분석을 바탕으로 핀 축 회전 시나리오 정립

가) 해저에 착저 시 발생할 수 있는 핀 안정기 회전

세월호 침몰 지역 지반 조사 및 지형정보를 활용한 지반 관입 가능 깊이 및 핀이 받을 수 있는 하중을 분석하여 최종적으로 좌현 핀 안정기의 착저 시 회전 가능성 여부 판단.([그림 2], [그림 3] 참조)

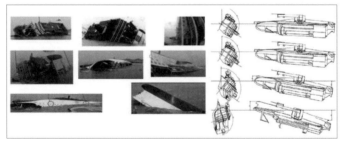

[그림 2] 시간대별 세월호 침몰 순서와 착저 시퀀스

세월호 스크래치 형상과 착저 시퀀스(164쪽)

라) 좌현 핀 안정기 지반 저항 도출

(1) 세월호는 상부 펀넬(funnel)의 지반 충돌 이후 좌현으로 회전, 관입되었으며, 이때 좌현 핀 안정기에 가장 큰 지반 저항을 일으킬 수 있는 조건이 형성됨. 좌현 선체 모서리([그림 7, A점])를 회전축으로 큰 회전 반경(붉은 선)을 갖고 관입하며, 세월호의 좌현 선체 기준 최종 관입 깊이 0.65m가 발생하는 지점까지 회전 관입이 이루어진다. 핀 안정기의 끝부분 이 지반에 닿기 시작하여 최종 관입 지점까지의 수직 깊이는 3.5m이며 회전은 약 9.1도가 발생한다.

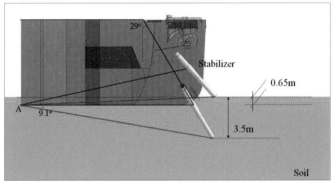

[그림 7] 세월호 좌현 핀 안정기 회전 관입 도시

(2) 핀 안정기의 회전력(torque)은 핀 안정기 tail부를 상향 회전시키는 방향을 (+)로 정의했 으며 [표 1]에 지반 관입 시 최대 축 회전력 및 지반 저항에 대하여 요약했다.

[표 1] 회전 관입에 따른 최대 지반 저항

Tail lifting moment	Normal resistance	Tangential resistance
−114.4 kNm	322.0 kN	76.3 kN

(3) 세월호는 회전 관입 이후 [그림 8]과 같이 갑판 하부 방향으로 약 4~5m 이동한 것으로 관측되었다. 이는 해류에 의한 영향으로 보이며, 수평 방향 이동에 의한 핀 안정기에 작용 하는 지반 저항은 [표 2]에 요약되었다. 결과에서 보듯이 수평 이동 시에는 관입된 좌현 핀 안정기에 Nose Down의 회전력이 작용함을 알 수 있다.

세월호 좌현 핀 안정기 관입 시 회전력(170쪽)

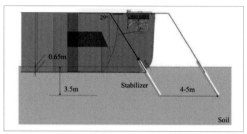

[그림 8] 세월호 좌현 핀 안정기 수평 이동 도시

[표 2] 수평 이동에 따른 최대 지반 저항

Tail lifting moment	Normal resistance	Tangential resistance
130.0 kNm	−372.0 kN	−77.7 kN

(4) 이상의 지반 특성 및 핀 안정기 저항 추정 결과에 대해, 선조위는 지반 저항 산정 시 표층을 100% 포화 수중 점토로 추정한 것이 비현실적이라는 판단 아래 상하이샐비지에서 검토한 지반 대표 물성치에서 지반 저항 결정에 지배적인 Friction Angle값을 현실적으로 고려하여 40도에서 30도 수준으로 조정하여 추가 분석해줄 것을 요청했고, 용역 업체는 임의의 값을 사용하기보다 상하이샐비지의 표층 지반 물성치를 그대로 사용했고 추가로 Free Fall Anchor에 해당하는 Rate Effect[7]를 고려하여 결과값을 비교했음

(5) [그림 9]는 변경된 표층 지반 물성치를 보여주고, 두 조건에서의 Tail Lifting Moment와 Soil Resistance 결과 비교는 [그림 10]과 [그림 11]에 각각 도시했다.

[그림 9] 2차 검토용 상하이샐비지 표층 지반 물성 조건

---

7) Rate Effect(Hardening) Clay, Silt 등 투수계수가 낮은 지반에서 높은 속도의 외부 간섭, 하중이 발생할 경우 강도가 증가하는 현상

세월호 좌현 핀 안정기 이동에 따른 지반 저항(171쪽)

5) 조사 결과 요약

가) 좌현 핀 안정기 외부 변형 분석 결과 : [그림 13] 참조

분석 대상	분석 근거	분석 결과
1. 핀 안정기 외판	• PCD 데이터	• 핀 안정기 가운데 부분이 오목 변형 (2~4mm)
2. Tail	• PCD 데이터	• 가장자리가 볼록 변형, 가운데 부분에 오목 변형 (2~4mm)
3. End Plate	• PCD 데이터	• Part 별 분석: 2~8mm 변형 • 핀 안정기 전체 분석: 상부에서 약 8~10mm 내외 오목 변형

[그림 13] 좌현 핀 안정기 외부 변형 분석 결과

나) 좌우현 핀 안정기 PCD 데이터 분석 결과 : [그림 14] 참조

(1) 우현 : 평균 4.6mm, 표준편차 9.3mm,

(2) 좌현 : 평균 0.08mm, 표준편차 2.46mm

(3) 좌현 PCD에 비해 노이즈 데이터가 상당히 포함되어, 분석의 정확도가 떨어짐

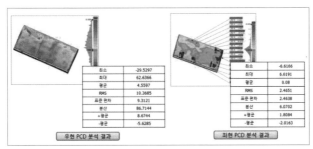

최소	-29.5297
최대	62.6366
평균	4.5597
RMS	10.3685
표준 편차	9.3121
분산	86.7144
+평균	8.6744
-평균	-5.6285

우현 PCD 분석 결과

최소	-6.6166
최대	6.6191
평균	0.08
RMS	2.4651
표준 편차	2.4638
분산	6.0702
+평균	1.8084
-평균	-2.0163

좌현 PCD 분석 결과

[그림 14] 좌 · 우현 핀 안정기 외부 변형 분석 결과 비교

세월호 핀 안정기 외부 변형 분석 결과(175쪽)

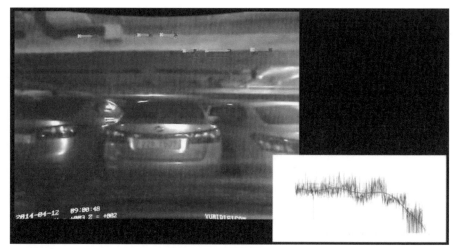

세월호 화물칸에 실렸던 차량(마티즈)의 블랙박스 영상 분석 예시(181쪽)

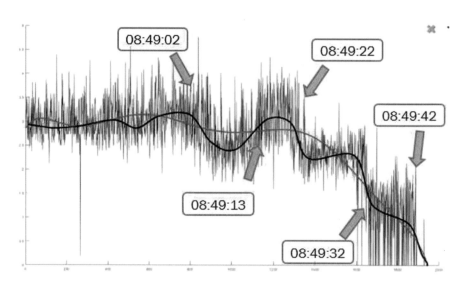

세월호 화물칸에 실렸던 차량(마티즈)의 블랙박스 영상 중 차량과 트윈 갑판 구조물 사이의 각도차 계측(182쪽)

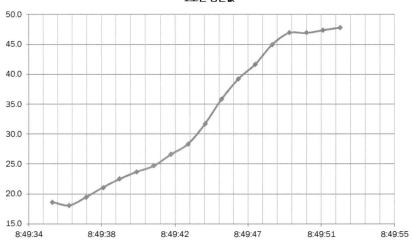

시간 변화에 따른 세월호 쇠사슬 각도(183쪽)

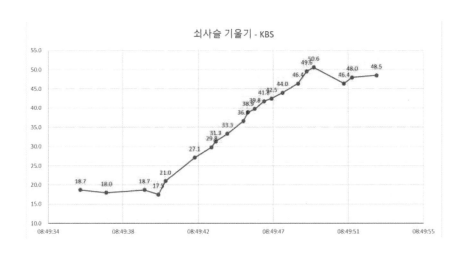

시간 변화에 따른 세월호 쇠사슬 기울기(184쪽)

세월호 화물칸에 실렸던 차량의 거동에 대한 다물체 동역한 해석(1차)(187쪽)

세월호 화물칸에 실렸던 차량의 거동에 대한 다물체 동역한 해석(2차)(188쪽)

3 석연찮은 '세월호 외력검증 TFT'의 출발

2018년 4월 13일 금요일 세월호 선체조사위원회 제18차 전원위원회를 통해 세월호 외력검증 TFT가 만들어진 이후, 항간에는 소문이 돌기 시작했다. 권영빈 상임위원이 세월호 선체조사위원회에 세월호 외력검증 TFT를 만들고 외력설에 대한 조사를 밀어붙였다는 소문이었다. 그러나 그것은 사실이 아니다.

제18차 전원위원회를 소집하고 세월호 외력설에 대한 검토 없이 참사 원인에 대한 조사를 마무리할 수 없다고 주장하면서 세월호 선체조사위원회 내에 TFT를 구성하자고 주도한 사람은 세월호 선체조사위원회 위원장이었다.

당시 전원위원회에 참석한 위원은 더불어민주당 추천의 위원장, 자유한국당('미래통합당', '국민의힘'의 전신) 추천의 부위원장, 이동권 비상임위원, 장범선 비상임위원, 권영빈 상임위원 등 5명이었다. 세월호 선체조사위원회 활동 결과 열린안과 내인설로 의견이 갈렸는데, 제18차 전원위원회 참석자 가운데 훗날 열린안을 기초하는 3명을 제외한 위원장과 부위원장은 내인설의 입장에 서 있었다. 내인설 지지자인 위원장과 부위원장이 세월호 선체조사위원회 전원위원회에서 세월호 핀 안정기의 변형의 원인이 외력인지를 검증할 TFT를 구성하고 열린안 지지자인 이동권 위원을 팀장으로 인정한 이유가 무엇인지 도대체 알 수가 없다.

항간에 떠돌던 소문은 아마도 2018년 4월 13일 금요일 세월호 선체조사위원회 제18차 전원위원회 개최 직전에 같은 장소에서 세월호 선체조사위원회 '선체·유류품·유실물 조사 및 미수습자 수습 소위원회'(약칭 '제1소위원회') 제9차 회의가 개최되어 세월호 외력설에 관해 논의한 사실 때문에 생겼을 것이다. 당시 제1소위원회 회의에서는 "세월호 침몰원인 관련 외부물체와의 충돌설(이하 '외력설')에 관한 논의" 안건을 상정해 토의했을 뿐 의결하지는 않았다.

그날의 경과에 대해 언론은 대부분 "세월호 선체조사위원회 외력설 조사"라는 제목을 달아 보도했다. 그 제목 안에 들어 있는 보도 내용은 대동소이하지만, 마치 세월호 선체조사위원회 제1소위원회에서 외력설 조사를 결정한 것처럼 오해받을 수 있도록 보도된 경우도 있다.

〈세월호 선조위 "잠수함 등 외부 충격설, 배제하지 않고 조사"〉(《연합뉴스》)
세월호 선체조사위원회가 잠수함 등 외부 물체와의 충돌설(외력설)에 대해서도 가능성을 열어놓고 정밀조사를 하기로 했다.
선조위는 13일 오후 서울 중구 저동에 있는 서울사무소에서 제1소위원회를 열고 일각에서 제기된 외력설 등에 대한 의견을 나눴다. (중략)
선조위는 이 회의 후 전원위원회를 열어 외력설 가능성을 확인하기 위한 추가 정밀조사를 의결했다.

「세월호 선조위 "외력설, 조사할 것" 잠수함 언급 주목」(《미디어오늘》)
세월호 선체조사위원회(이하 선조위)가 13일 서울사무소에서 제1소위원회를 열고 최근 제기된 세월호 '외력설'에 대해 공식적으로 조사하겠다고 밝혔다. '외력설'이란 세월호 침몰의 원인이 외부물체와의 충돌로 인한 것이란 주장이다.

「세월호 선조위, '외부 충격설'도 조사」(《YTN》)
세월호 선체조사위원회가 잠수함 등 외부 물체와의 충돌설에 대해서도 가능성을 열어놓고 정밀조사를 하기로 했습니다.
선조위는 세월호 좌현에 있는 핀안정기가 최대 작동 각도인 25도를 두 배 이상 초과한 50.9도 비틀려 있는 것으로 나타나는 등 수중 물체가 충격을 가했을 가능성에 대해서도 조사가 필요하다고 판단했습니다.
선조위 조사관은 "핀안정기와 충돌하려면 수중물체일 가능성이 크고 세월호와 같은 방향으로 움직이며 빨라야 한다"며 "외력이 있었다면 잠수함때문이라고 생각한다"고 말했습니다.
권영빈 1소위원장은 "선조위가 외력설을 논의하는 것은 조사가 더 필요하다는 문제의식을 가지고 있다는 의미"라며 "세월호의 마지막 항적 등을 설명할 수 있는 설득력 있는 이유를 찾아보자는 것"이라고 말했습니다.

「세월호 선조위 '외부 충돌설' 공식화…'선체 이상'도 논의」
(《KBS》)

세월호 선체조사위원회가 잠수함을 포함해 외부 물체와의 충돌 가능성에 대한 조사를 공식화했다. 또, 선체의 기계 결함 가능성에 대해서도 조사를 이어가기로 결정했다.

선조위는 오늘(13일) 오후 서울 중구 저동 선조위 서울사무소에서 제1소위원회를 열고 외력설 등에 대해 논의하고, 외력설을 전담으로 조사하는 별도의 태스크포스팀을 구성하기로 결정했다.

「세월호 침몰 '외부 충돌설' 진실 밝혀질까…정식 조사 첫발」
(《한겨레》)

세월호 침몰 원인을 원점에서 다시 조사하고 있는 세월호 선체조사위원회(선조위)가 외부 물체와의 충돌설(외력설)에 대해 정식으로 문제를 제기하고 조사에 착수했다. 그간 세월호 침몰 원인은 검찰이 발표한 복원력 상실 등 선체 내부 문제 때문이라는 게 정설이었는데, 선조위가 외력설에 대해서도 공식 조사 방침을 밝힌 것이다.

세월호 선체조사에 집중하는 선조위 1소위원회는 13일 오후 서울 중구 선조위 서울사무소 7층 회의실에서 공개회의를 열고 언론에 이러한 방침을 밝혔다.

세월호 선체조사위원회 위원장은 2018년 4월 5일 권영빈 제1소위원장에게 제18차 전원위원회를 개최하기 전에 제1소위원회를 소집하도록 지시했다. 「세월호 선체조사위원회의 설치 및 운영에 관

의안번호	제 18-11 호	의
의 결 연 월 일	2018. 4. 13. (제18차)	결 사 항

세월호 좌현 편안정기에 관한 조사개시 결정

세월호 선체조사위원회

제 출 자	세월호 선체조사위원회 위원장
제출연월일	2018. 4. 9.

2018년 4월 9일 제출된 세월호 선체조사위원회 제18차 전원위원회 안건지 표지

의안번호	제 18-13 호	토
보 고 연 월 일	2018. 4. 13. (제 9 차)	의 사 항

세월호 침몰원인 관련 외부물체와의 충돌설("외력설")에 관한 논의

선체·유류품·유실물 조사 및 미수습자 수습 소위원회

제 출 자	선체·유류품·유실물 조사 및 미수습자 수습 소위원회 위원장 권영빈
제출년월일	2018. 4. 11.

2018년 4월 11일 제출된 세월호 선체조사위원회 제9차 제1소위원회 안건지 표지

한 특별법」에 따라 만들어진 「세월호 선체조사위원회 운영에 관한 규칙」에 의하면, 소위원회는 위원장과 소위원장이 필요하다고 인정하는 경우 개최한다. 그래서 위원장의 지시에 따라 먼저 제1소위원회가 열리고 바로 뒤이어서 전원위원회가 열린 것이다. 실제로 2018년 4월 9일 외력설 논의를 위한 전원위원회 안건지가 만들어진 것을 확인하고 2018년 4월 11일 같은 내용의 제1소위원회 안건지가 만들어졌다.

시간이 많이 흐른 지금까지도 세월호 선체조사위원회 위원장이 외력설 논의를 공개적으로 제기한 이유가 무엇이고 부위원장이 그 제안을 찬성한 이유가 무엇인지 알려지지 않았다.

4 '유일한 목격자', 세월호 화물칸 차량에서 건진 블랙박스

세월호는 길이 145.61m, 폭 22m, 총톤수 6,825t, 최대 승선 인원 956명(여객 921명, 선원 35명)에 이르는, 여객선으로는 국내 최대 규모의 배이다. A 데크의 여객 정원은 484명, B 데크의 여객 정원은 426명, 선교 갑판의 여객 정원은 11명이다.

세월호는 흔히 여객선으로 알려져 있지만, 엄밀하게 말하면 여객과 화물을 같이 운송하는 화객선이다. 위쪽 3개 층(선교 갑판, A 데크, B 데크)은 승객이 머무는 객실이며, 가운데 2개 층(C 데크, D 데크)은 차량이나 화물을 싣는 화물칸이고, 제일 밑에 기관 구역과 화물을 적재하는 E 데크가 있다.

세월호는 그 내부에 침몰 원인을 밝혀 줄 강력한 증거를 품고 있다. 세월호 화물칸에 실려서 인천항부터 병풍도 앞 침몰 현장까지 이동했던 차량에 설치되었던 블랙박스! 블랙박스는 우리가 직접 보지 못한 것을 기록으로 남겨 둔다. 그래서 세월호에 실린 차량의 블랙박스는 세월호 침몰 원인을 밝힐 강력한 증거이면서 동시에 '유일한 목격자'인 셈이다. 물론 블랙박스가 스스로 진실을 설명하지는 않는다. 세월호에 실린 차량의 블랙박스의 증거가치를 인정하지 않고 의도적으로 외면하는 사람들도 있다. 그럼에도 불구하고 블랙박스에서 객관적인 상황을 알아내는 것은 우리에게 남겨진 과제다.

2017년 6월 13일 화요일 목포사무소에서 세월호 선체조사위원회 제5차 전원위원회가 개최되었다. 의결 안건으로 "휴대전화의 국과수 디지털포렌식 샘플링 의뢰 결정의 건"이 상정되었다. 2017년 6월 12일을 기준으로 세월호에서 발견된 디지털기기는 총 234대, 휴대전화는 113대였는데, 그중 휴대전화 일부의 복원을 국립과학수사연구소에 맡기는 문제를 검토하여 의결하자는 안건이었다. 세월호 유가족은 국과수는 국가기구이며 그동안 정부가 세월호 참사 진실 규명에 부정적이었던 점을 고려하여 휴대전화는 전량 민간업체에 분석을 의뢰하기를 원했다. 그럼에도 불구하고 위원장은 세월호 선체조사위원회가 국가기구라는 점을 생각해서 국립과학수사연구소라는 국가기구에 휴대전화 중 일부라도 복원을 맡기자는 의견을 제시하였다. 토론과 표결 결과, 세월호 선체조사위원회 전원위원회는 위 안건을 부결시키고 휴대전화 복원은 민간업체에 전량 맡기기로 결정하였다. 이 안건 의결 과정을 살펴보면, 인양된 세월호에서 수거한 휴대전화 복원 주체에 대해서는 국립과학수사연구소와 민간업체를 두고 의견 대립이 있었지만, 그 외 디지털기기 복원 문제에 대해서는 위원들 사이에 의견 대립이 없었다. 그리하여 인양된 세월호 화물칸 차량에서 확보한 블랙박스 복원 작업은 온전하게 민간업체에 맡겨졌다.

결국 세월호에서 수거한 블랙박스의 복원 주체와 복원 과정에 대해 세월호 선체조사위원회가 전적으로 보증하게 되었다. 그렇기 때문에 위원회 차원의 침몰 원인 조사에서 블랙박스 동영상을 주요한 증거로 사용해야 하는 것이다. 그러나 내인설은 블랙박스 동영상 중에서 자신들의 주장에 부합하지 않거나 자신들의 주장으로 설명하기 곤란한 것들은 증거로 사용하지 않고 무시하는 선별적 선택 방법을 사용했다.

2017년 4월 세월호가 인양된 이후 세월호에서 수거된 블랙박스 26대의 메모리를 복원한 결과 총 17대의 데이터를 추출하는 데 성공하였다. 그중 사고 시간대의 영상이 녹화된 블랙박스는 7대인데, 2대는 전후방 카메라에 영상이 녹화되어, 결과적으로 총 9대의 블랙박스 영상을 확보한 셈이다. 복원된 블랙박스 녹화 영상은 여러 개로 나뉘어 있었다. 대부분의 블랙박스에는 30초에서 1분 단위로 영상파일이 저장되어 있었다. 그래서 어떤 블랙박스에는 수백 개의 영상파일이 저장된 경우도 있었다.

사고 시간대의 영상이 녹화된 블랙박스는 모두 세월호 화물칸 C 데크에 적재된 차량에서 수거된 것들이다. 어쩌다가 세월호 화물칸 D 데크에 적재된 차량에서 수거된 블랙박스 중 일부가 복원되기는 했지만, 사고 시간대인 2014년 4월 16일 오전 08시 49분 전후의 영상은 확인할 수 없었다. 그래서 세월호 화물칸 D 데크의 상황을 근거로 세월호 침몰 당시의 상황을 설명하려는 시도는 객관적인 증거에 의해 확인되지 않은 추측성 주관적 주장을 펴는 것이나 다름없다. 그럼에도 불구하고 내인설은 결론적으로 D 데크에서 최초의 화물 이동이 있었고 뒤이어 C 데크에서 대규모 화물 이동이 있었다고 추정했다. 내인설은 화물 이동이 세월호 침몰 원인이라고 전제하고 있었기 때문에 세월호의 급격한 횡경사 이전에 세월호 내부에서 자체의 힘에 의해 화물 이동이 있었다고 보아야만 했던 것이다. 블랙박스 동영상을 잘 살펴보면, 세월호 내부의 화물 이동은 세월호의 급격한 횡경사의 결과물이지 그 원인이 아니라는 것을 명백하게 확인할 수 있다.

식별번호	차종	차량 태그 번호
SEDF-199	마티즈	0701026-T-1
SEDF-202	디스커버리	0719053-C-1
SEDF-209	스타렉스	0723080-C-1
SEDF-214	화물차 1(중앙)	0727106-C-2
SEDF-218	화물차 2(좌현)	0729112-C-1
SEDF-226	싼타모	0802130-D-6
SEDF-252	그랜져	0720070-T-2

4월 16일 사고 당시 영상이 기록된 차량 블랙박스 장치 목록(『세월호 선체조사위원회 종합보고서. 본권 Ⅰ. 침몰원인조사(열린안)』, 110쪽 [표 2-2])

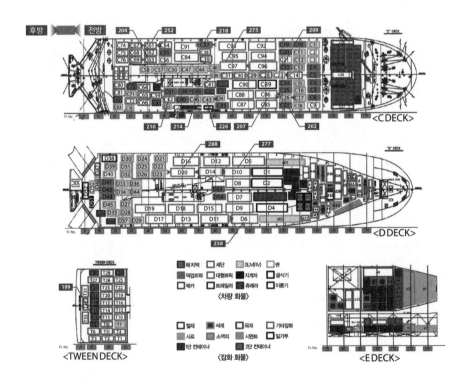

차량용 블랙박스 발견 위치와 카메라 방향(『세월호 선체조사위원회 종합보고서. 본권 Ⅰ. 침몰원인조사(열린안)』, 110쪽 [그림 2-12])

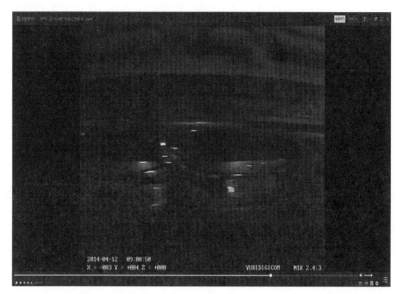

SEDF-199의 블랙박스에서 복원된 장면에서 확인한 차량이 기울어지고 앞선 차들이 정지되는 모습

　　복원된 블랙박스 동영상 말고도 세월호에는 여러 가지 객관적 자료인 영상증거가 실려 있었다. 세월호 선내 CCTV, 승객들이 핸드폰으로 촬영한 사진이나 동영상 등이 그것이다. 세월호 선내 CCTV는 2014년 4월 16일 오전 8시 30분경까지만 녹화되어 세월호 침몰 당시 상황을 기록하지 못하였다. 세월호 승객들이 핸드폰으로 촬영한 사진이나 영상들 중에서도 사고 시간대인 2014년 4월 16일 오전 8시 49분 전후의 자료를 발견하지 못했다. 따라서 세월호 사고 당시 (급경사, 급선회 시점)의 상황을 설명할 수 있는 목격자는 세월호 화물칸 차량들의 블랙박스뿐이다.

5 블랙박스 —
KBS 라디오 시보, 시간 동기화, 사고 순간 영상

　세월호를 해저에서 인양하여 목포신항에 거치한 후인 2017년 6월 세월호 화물칸에서 화물과 차량을 꺼내기 시작했다. 세월호 선체조사위원회는 차량들에서 블랙박스를 회수하여 복원하면 세월호 운행 과정 및 침몰 과정을 기록한 영상을 확보할 수 있을 것이라 기대했다.

　수거한 블랙박스 26개 가운데 모두 17대의 데이터를 추출하는 데 성공했다. 어떤 블랙박스는 2014년 4월 16일 세월호에 선적되기 며칠 전의 상황부터 저장하고 있었고, 어떤 블랙박스는 당일 세월호에 선적되는 모습을 저장하고 있었고, 어떤 블랙박스는 세월호 전복 후의 상황을 저장하고 있었다. 사고 시간대인 2014년 4월 16일 오전 08시 49분 전후의 영상이 녹화된 블랙박스는 7대였다. 복원된 블랙박스에는 대부분 30초에서 1분 단위의 영상파일이 저장되어 있었다. 블랙박스에 저장된 영상파일을 모두 모으면 수천 개나 되었다.

　각각의 동영상에는 저마다 날짜와 시간이 표시되어 있다. 특정 일자의 특정 시간이 표시되어 있는 동영상에서 그 당시의 세월호 화물칸 내부 상황을 알 수 있다는 것이다. 그래서 복원된 블랙박스 동영상을 시간순으로 전부 연결한다면 2014년 4월 15일 밤 9시 인천항 출발부터 2014년 4월 16일 오전 10시 30분 전복 상황까지 하나의 동영상 기록을 만들 수 있을 것 같다는 상상도 해 보았다.

그런데 하나의 문제가 우리 앞을 가로막았다. 해결하기 매우 어려운 문제였다. 17대의 블랙박스 동영상마다 각기 다르게 표시된 날짜와 시간을 어떤 기준점에 맞추어 일치시켜야 했다. 속칭 블랙박스 시간 동기화!

영화《천문》을 보면, 완성된 물시계의 시간을 정확하다고 공인된 해시계의 시간과 일치시키는 장면이 나온다. 해시계는 해를 이용해서 시간을 측정하는 것이니 낮 동안에는 시간을 알려주었으나 밤이 되면 해시계를 작동시킬 수 없었다. 장영실이 개발한 물시계가 낮동안 해시계와 시간이 일치한다면, 해가 없는 밤에 정확한 시간을 알기 위해 물시계를 작동시키면 된다. 이를 위해 '물시계와 해시계의 시간 동기화'라는 작업을 했던 것이다.

복원된 블랙박스 17대를 이루는 수많은 부품의 제조사와 제작 조건이 서로 달라서 시간 표시 기준이 동일하지 않았다. 복원된 블랙박스의 시간 표시를 통일시킬 수 있는 기준을 찾아야 했다. 세월호 선체조사위원회는, 사실은 조사1과는, 아니 그중에서도 블랙박스 동영상 분석을 절실하게 원했던 조사관들만 머리를 맞댔다. 블랙박스 동영상을 하나씩 재생하기 시작했다. 드디어 찾았다. 녹색 마티즈에 장착된 블랙박스 동영상 중 "140411_101026(MP4)"이라고 날짜와 시간이 표시된 동영상에 KBS 라디오 시보가 저장되어 있었다.

KBS 라디오 송출부에 확인한 결과, 라디오 시보는 GPS에 따라 송출되기 때문에 정확하다는 답변을 받았다. 이 동영상을 재생하고 48.25초 후에 오전 10시 정각을 알리는 시보가 울렸다. 세월호 선체조사위원회는 이 동영상이 저장된 블랙박스를 "SEDF-199"라고 명명

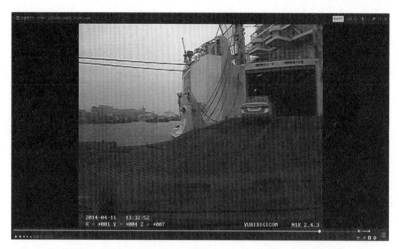

SEDF-199 블랙박스에 세월호 승선 위치가 기록되어 있고, 하단에 날짜와 시간이 표시되어 있다.

했다. 이렇게 시간을 일치시키는 기준을 찾은 다음에는, 사고 시간대 전후에 SEDF-199의 동영상과 같은 소리 또는 장면을 담고 있는 다른 블랙박스 동영상을 찾았다. 그런 소리나 장면이 등장하는 다른 블랙박스 동영상에 표시된 날짜와 시간을 기준과 일치시키는 작업을 이어 갔다. 그리하여 마침내, 복원된 블랙박스 동영상의 날짜와 시간을 모두 일치시킬 수 있었다.

블랙박스 동영상의 시간 동기화를 위해 극복해야 할 또 다른 난제가 있다. 복원된 블랙박스는 전부 세월호 화물칸 내부에서 3년 이상 바닷물에 침전되어 있었기 때문에, 시간 흐름이 실제와 같은지, 다르다면 얼마나 차이가 나는지를 확인할 필요가 있었다. 복원된 블랙박스는 GPS 연동이 아닌 자체 내장된 RTC(Real Time Clock)를 사용하여 사용자에게 시간을 알려주므로, RTC의 상태에 따라 블랙박스 표기 시간이 흐르는 속도와 실제 시간이 흐르는 속도가 달라 편차가 발생할 가능성이 있다. 따라서 기준이 되는 시간을 유일하게 확정

KBS 세월호 특별취재팀이 복원하여 정리한 블랙박스 동영상 중에서 오전 8시 49분 43초 이후 캡처 사진

할 수 있는 SEDF-199에 사고 전날 및 당일 녹화된 영상을 프레임 단위로 추출한 후, 각 프레임 당 소요된 재생 시간을 10분의 1초 단위로 측정하여 비교하였다. 그리하여 SEDF-199 블랙박스 동영상에 표시된 시간과 실제 시간의 흐름의 차이는 하루(3,600초 × 24시간 = 86,400초)에 1초 이내라고 (잠정적으로) 결론을 내렸다. 시간 흐름의 오차가 미미하다는 것이다.

블랙박스 동영상의 시간 동기화를 마친 이후에는, 세월호 최초 침몰 시간대의 동영상을 모아 그 당시의 상황을 직접 확인하는 작업을 시작했다. KBS 세월호 특별취재팀의 도움을 받아 2014년 4월 16일 오전 8시 49분부터 8시 50분까지 1분 동안의 세월호 화물칸 내부 상황을 실제로 확인할 수 있었다.

세월호 선체조사위원회와 KBS 세월호 특별취재팀은 복원된 블랙박스 동영상에서 동일하다고 판단되는 장면 혹은 소리가 녹화된 시간대의 블랙박스 영상 클립을 선별하여 블랙박스 시간의 상대적

동일 장면 또는 소리	SEDF-199	SEDF-202	SEDF-209	SEDF-214	SEDF-218	SEDF-226	SEDF-252
"탕" 소음 + 펌프카(C96) 전도 시작			00:00:01 08:49:33			08:45:51 08:49:33 08:49:32	
5톤 트럭(C96) 바퀴 들림			00:00:03 08:49:35			08:45:53 08:49:35 08:49:34	
"기이익" 소음		08:47:03 08:39:59 08:49:37	00:00:06 08:49:38		08:48:57 08:49:42 08:49:37		
"탕" 소음 + 렉카(C90) 전도 + 제주 트럭(C91) 전도 시작			00:00:08 08:49:40		08:48:59 08:49:44 08:49:39		08:55:29 08:49:41 08:49:42
흰색 트럭(C88) 전도 시작			00:00:11 08:49:43		08:49:02 08:49:47 08:49:42	08:46:01 08:49:43 08:49:42	
Twin 데크 차량 움직임 + 렉카(C90) 완전 전도	09:00:48 08:49:44 08:49:45	08:47:09 08:40:05 08:49:43	00:00:12 08:49:44	07:28:45 08:49:43 08:49:45	08:49:03 08:49:48 08:49:43		08:55:33 08:49:45 08:49:46
물높이 낮아짐					08:49:13 08:49:58 08:49:53	08:46:12 08:49:54 08:49:53	
안내 방송 ("좌측 하단~") 소리	09:03:06 08:52:02 08:52:03					08:48:20 08:52:02 08:52:01	
"다다다다" 소리	09:03:10 08:52:06 08:52:07					08:48:24 08:52:06 08:52:05	
안내 방송 소리 다시 시작	09:03:16 08:52:12 08:52:13					08:48:30 08:52:12 08:52:11	

동일 화면 또는 소리별 각 블랙박스 동영상 표시 시각 및 기준이 되는 시각을 비교하면 1초가량의 오차가 존재한다. (위 - 블랙박스 동영상 표시 시각, 가운데 - 세월호 선체조사위원회 추정 시각, 아래 - KBS 세월호 특별취재팀 추정 시각)

동기화 작업을 진행했다. 각 블랙박스의 상대적 동기화 이후 영상에 표기된 시각을 기준이 되는 시간으로 환산해 보니, 세월호 선체조사위원회의 분석 결과와 KBS 세월호 특별취재팀의 분석 결과가 SEDF-202와 SEDF-218을 제외하고는 약 1초 이내의 차이를 보였다.

그 내용을 그대로 기록해 둔 것이 앞의 표이다.

6 쇠사슬(체인) 이야기: 사고 당시(급경사, 급선회 시점) 세월호의 기울기

우리 국민들은 누구나 2014년 4월 16일을 기억할 것이다. 어쩌면 영원히 잊을 수 없을지도 모른다. 그날 아침부터 며칠 동안 온종일 세월호의 모습이 텔레비전으로 생중계되었다. 가끔씩 세월호에서 승객들이 빠져나오는 모습도 반복적으로 보여 주었다. 해외 뉴스 채널에서는 구조를 위해 사고 현장에 최초로 도착한 둘라에이스호에서 찍은 누워 있는 세월호의 모습이 방송되기도 했다.

도대체 왜 세월호가 저렇게 누운 다음에 다시 똑바로 서지 못했을까? 배는 항해 중에 옆으로 기울어져도 다시 오뚜기처럼 일어나서 중심을 잡게 만들어진다는데.

2014년 11월 11일 선고된 광주지방법원 2014고합180 등 세월호 선원 및 선원들 사건의 판결문은 사고 당시 세월호의 대충의 기울기가 어떠했는지 얘기한다.

> 2014년 4월 16일 오전 8시 48분경 …… 선수가 급속도로 우회두하면서 외방경사의 영향으로 선체가 좌현 측으로 급속히 기울어졌다. …… 그 과정에서 전항 기재와 같이 과적된 상태로 부실하게 고박된 화물이 좌현 쪽으로 급격하게 쏠리

면서 그 영향으로 세월호는 좌현 측으로 더욱 기울게 됨으로써 복원력이 상실되어 결국 좌현으로 약 30도 전도되었고 …… 09:34:03경 52.2도로 기울어진 것을 비롯하여 09:35:02경 52.9도, 09:36:17경 54.1도, 09:38:44경 54.4도, 09:39:10경 54.9도, 09:40:52경 55.3도, 09:41:26경 55.4도, 09:43:27경 56.2도, 09:44:38경 56.7도, 09:45:03경 57.3도, 09:46:38경 61.2도, 09:47:37경 62도, 09:49:44경 62.8도, 09:50:22경 62.6도, 09:51:46경 63.3도, 09:54:35경 64.4도, 10:07:41경 68.9도, 10:09:03경 73.8도, 10:10:43경 77.9도로 기울어지다가 10:17:06경 108.1도로 전복되었다.

판결문에서 언급된 세월호 사고 당시 세월호의 기울기 "약 30도"는 추정치에 불과하다. 그런데 30도 전후의 세월호 기울기를 추정할 만한 자료는 없다. 나아가 특정 시점에서의 30도 정도의 기울기만으로는 세월호가 침몰되는 과정을 설명할 수 없다. 그런 사정으로 인해 판결문은 중간 시간을 뛰어넘어 오전 9시 34분 3초경 이미 누워 버린 세월호의 기울기가 52.5도라고 말할 수밖에 없다. 해경 123정, 해경 헬기 여러 대, 해경 CN-235 해상초계기가 세월호 참사 당일 오전 9시 30분 이후에 사고 해역 현장에 도착했고 현장 상황을 동영상으로 기록했다. 그래서 그때부터는 판결문에서 언급하는 세월호 기울기 분석의 근거가 되는 객관적 자료가 존재한다. 특히 해경 CN-235 해상초계기는 2014년 4월 16일 오전 9시 30분경부터 누워 있는 세월호의 모습을 촬영했고, 그 동영상에는 이후 세월호 침몰 과정이 생생하게 담겨 있다.

2014년 4월 16일 오전 8시 48분 전후의 세월호 모습을 기록한 객관적인 자료는 하나도 없었다. 2017년에 세월호 인양 후 화물칸에서 복원한 차량 블랙박스 동영상의 일부를 제외하면 그렇다는 말이다. 사정이 이러한데 판결문은 무엇을 근거로 "약 30도"라고 기울기를 추정했을까? 물론, 검찰이 법정에 제출한 증거들 중에 그 근거가 담겨 있다. 검경 합동수사본부 전문가 자문단은 사고 당시의 세월호의 기울기를 약 30도로 추정했고, 그 내용을 「여객선 세월호 침몰 사고

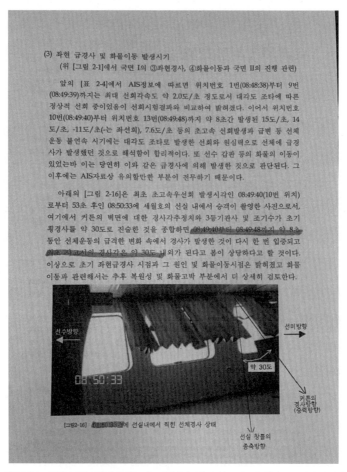

검경 합동수사본부 전문가 자문단의 보고서에 "경사각은 약 30도 내외"라고 적시되어 있다

2018년 6월 8일 직립 세월호 C 데크 화물칸의 쇠사슬

원인분석 결과 보고서」(2014년 8월 12일)에 기재했다.

세월호 선체조사위원회 조사관들은 침몰 당시 세월호의 기울기를 객관적으로 확인할 수 있는 방법을 찾기 시작했다. 우선 복원된 차량 블랙박스 중에서 사고 시간대의 영상이 녹화된 블랙박스 7대에 주목했다. 거기에 어떤 단서가 있지 않을까? 블랙박스 동영상을 반복해서 재생해 보았다. 블랙박스 동영상 SEDF-202번에서 디스커버리 승용차 앞쪽에 기울어진 쇠사슬이 포착되었다. 세월호 화물칸 C 데크였다. 저 쇠사슬이 원래부터 기울어져 있던 것이었는지 확인해야 한다. 세월호가 출항하기 전 인천항에 정박 중일 때 쇠사슬은 수직으로 바닥을 향하고 있었다. 이제 쇠사슬의 기울기를 알게 되면 그 당시 세월호의 기울기를 알 수 있을 것이다.

세월호 선체조사위원회는 법영상분석연구소에 쇠사슬의 시간별 기울기 분석을 의뢰했으며, 결과는 부록으로 실은 「세월호 외력검증 TFT 조사결과보고서」(181쪽)의 [그림 21]과 별지에서 볼 수 있다. 쇠사슬 기울기는 2014년 4월 16일 오전 8시 49분 36초경 약 18도에 이르렀고, 8시 49분 37초경 18도 이하로 감소한 후 증가하며, 8시 49분 41초 경 이후 쇠사슬 기울기 각속도가 증가하며, 8시 49분 49초경 최대 약 49도의 기울기를 보인 후 진동하는 양상을 보였다.

KBS 세월호 특별취재팀은 독자적으로 쇠사슬의 시간별 각도 변화를 분석했다. 디지털과학수사연구소가 분석한 결과인 그래프 역시 부록으로 실은 「세월호 외력검증 TFT 조사결과보고서」(182쪽)의 [그림 22]와 별지에서 볼 수 있다. 쇠사슬의 기울기는 8시 49분 38초~39초까지 약 18도를 나타냈고, 8시 49분 39초경 17.5도로 감소한 후 21도로 증가하는 특징을 보였다. 그러다가 8시 49분 48초경에 이르러 최대 각도 약 50.6도에 이른 후 진동하는 양상을 보였다.

세월호 선체조사위원회에서 자체 의뢰한 법영상분석연구소의 분석 결과와 KBS 세월호 특별취재팀이 의뢰한 디지털과학수사연구소의 분석 결과에 약간의 차이가 있지만 전체적으로 비슷하다. 즉 사고 시간대의 쇠사슬의 기울기는 오전 8시 49분 36초 내지 38초경 약 18도 정도에서 시작해서 8시 49분 48초 내지 49초경 최대 48~50도 정도에 이른 후 진동하는 양상이었다. 사고 당시 쇠사슬 기울기와 관련된 내용은 2018년 4월 18일 KBS 뉴스의 보도 〈[취재후] 세월호 블랙박스① 사고 전 선체는 기울고 있었다〉에서 확인할 수 있다.

세월호 외력검증 TFT는 쇠사슬 기울기 분석을 통해서 세월호는 2014년 4월 16일 오전 8시 49분 43초경 30도 이상 기울어지기 시작해서 약 5~6초 만에 49도 내지 50도까지 급격하게 기울어지면서 더는 정상적인 운항이 불가능해졌다고 잠정적으로 결론을 내릴 수 있었다. '처음에는 천천히, 그다음에는 사람이 날아갈 정도로 급격하게 기울었다'라는 취지의 생존자 진술은 그렇게 사실로 확인되었다.

7 '절대 증거' 세월호를 바로 세우다

드디어 2017년 3월 23일, 세월호가 바다 밑바닥에서 수면 위로 떠올랐다. 2014년 4월 16일 사고 순간부터 수면 아래로 완전히 가라앉을 때까지의 상황을 자신의 몸에 아로새겨 둔 채로 바닷속에서 무려 3년 가까이 잠겨 있던 흔적을 고스란히 드러내었다. 안타깝게도 세월호는 바로 선 모습이 아닌 옆으로 기울어진 모습으로 올라왔다. 세월호가 바로 서 있을 때를 기준으로 왼쪽, 즉 좌현이 아래쪽을 향하고 우현이 하늘을 바라보고 있었다.

여기저기 부서지고 긁혔고 뒤쪽, 즉 선미의 아래쪽은 아주 많이 상처를 입은 상태였다. 그에 반해 오른쪽, 즉 우현은 그런대로 온전한 모습을 유지하고 있었다. 세월호 우측 핀 스태빌라이저(핀 안정기)는 펼쳐진 채로 정상적인 모습을 하고 있었다. 그러나 세월호 왼쪽, 즉 좌현은 인양을 위해 설치된 받침대(리프팅 빔lifting beam)로 가려져 있어서 어떤 모습을 하고 있는지 알기 어려웠다. 이런 상태로는 선체를 제대로 조사할 수가 없었다.

2017년 3월 31일, 동거차도 앞바다를 출발한 반잠수식 선박 화이트 마린호가 목포신항에 도착했다. 세월호를 목포신항 부두 위에 올리기 위해 또다시 기다려야 했다. 마침내 2017년 4월 9일, 600대

2017년 3월 30일 반잠수식 선박 위에 거치되어 있는 세월호

의 모듈 트랜스포터를 이용하여 세월호가 목포신항 부두 위에 올려
졌다. 침몰된 날부터 1,090일 만이었다.

그 후로 오랜 시간이 흘렀다. 세월호는 미수습자 수습을 위해 기
꺼이 자신의 몸을 내주었고, 목포신항에 처음 들어오던 모습과도 많
이 달라졌다. 그동안 세월호 화물칸에 실려 있던 차량들도 세월호
밖으로 꺼내서 햇빛을 보게 됐다. 그 차량 안에서 블랙박스를 여러

2017년 4월 10일 목포신항 부두 위의 세월호

개 회수하기도 했다.

그러나 더 기다릴 수는 없다. 누워 있는 세월호를 바로 세워야한다. 드디어 세월호 선체조사위원회는 세월호를 바로 세우기로 결정했다. 2017년 9월 7일 제9차 전원위원회에서 세월호 직립을 위한논의를 시작하고, 2017년 10월 20일 제10차 전원위원회에서 보충적인 논의를 이어간 다음, 2017년 10월 27일 제11차 전원위원회에서

"세월호 선체 직립을 추진한다"라고 의결했다.

그날 전원위원회에 제출된 세월호 선체 직립 추진의 제안 이유를 회의록을 통해 살펴본다.

선체 직립의 필요성에 찬성하는 입장에서는 1) "조사관들의 안전 확보", 2) 2017년 10월 세월호가 누워 있는 상황에서 조사하는 것보다 "직립 후에 조사하는 것이 오히려 기간 단축 및 정밀조사가 가능하다는 점", 3) "구조해석이나 준비기간에는 일반조사가 가능하므로 실제 조사 중지기간은 극히 짧다"라는 점 등을 주장하였다.

이에 반해, 선체 직립 시에는 1) "예상보다 많은 기간이 소요될 가능성", 2) "이로 인하여 종합보고서의 어떤 내용에 있어서 다수 우려", 3) "예산확보의 불투명성" 등으로 인해 현 상황에서는 선체 직립이 곤란하다는 반대의견이 제시되었다.

그러나 1) 「세월호 선체조사위원회의 설치 및 운영에 관한 특별법」 제22조에서 "선체에 대한 정밀조사 의무를 규정하고 있으며", 2) "기관구역은 조타실 및 화물창과 함께 주요 조사대상구역이나 기관구역의 위치가 높아서 정밀조사가 사실상 불가능하고", 3) "4 · 16가족협의회에서도 기관구역에 대한 정밀조사를 요구하고 있으며", 4) "선체 좌현이 바닥에 있어 좌현외판에 대한 조사가 불가하고 미수습자에 대한 완전한 수습이 이루어지지 않고 있다는 점", 5) 무엇보다도 "조사를 직접 수행하는 조사관들의 안전 확보가 최우선적으로 고려되어야 하는 실정"을 고려하여 세월호 선체 직립을 추진하기를 다시 제안했다.

2018년 1월에 목포신항 근처에 있는 현대삼호중공업을 선체 직립 업체로 선정하고, 2018년 2월 6일 목포신항 세월호 거치 현장에서 '안전한 세월호 선체 직립을 기원하는 위령제와 착공식'이 있었

직립 과정의 세월호(2018년 5월 10일 오전 10시 31분 촬영)

다. 그리고 2018년 5월 10일, 끝내 세월호를 바로 세웠다. 2014년 4월 16일로부터 1,485일 만에, 인천항을 출발할 때와 같은 모습으로 바로 세워졌다.

선체 직립은 선체 정밀조사의 진정한 시작이었다. 그 이전까지의 조사는 사실상 선체 정밀조사를 위한 준비 기간으로 볼 수 있다. 인양을 이유로 해저에서 잘려 나간 좌현 핀 안정기의 실제 상태를 점검할 수 있을 뿐 아니라 세월호 좌현 선내로 진입할 수 있는 가능

직립 성공 후의 세월호(2018년 5월 10일 오후 12시 52분 촬영)

성이 열린 것이다.

　직립 후 제일 먼저 할 일은 인양을 위해 세월호 좌현에 부착한 리프팅 빔을 제거하는 것이다. 그 작업은 또 얼마나 걸릴 것인가? 아, 시간이 너무 없다. 세월호 선체조사위원회는 2018년 8월 7일이 되면 해산되어 더는 존재하지 않기 때문이다. 3개월도 안 남은 동안 무엇을 더 알아낼 수 있을까?

8 지구 반 바퀴를 돌아 네덜란드를 가다

실제 세월호 선체를 이용한 실험이 가능하다면 그게 세월호 침몰 원인을 밝히는 데 가장 효과적일 것이다. 하지만 세월호는 동거차도 앞바다에 가라앉아 있다가 인양되어 운항이 불가능한 상태이고 세월호와 쌍둥이 배라는 오하마나호는 이미 외국 선사에 매각되어 다시 진도 앞바다로 끌어오기 어려웠을 뿐만 아니라 침몰 시험이 가능한지 확인되지도 않았다. 물론 세월호 선체조사위원회에 그런 실험을 시도하려는 의지가 박약했던 것도 사실이어서, 실제 선박을 이용한 침몰 실험에 대해 격렬하게 반대의견을 개진한 위원도 있었다.

대안으로 생각한 것이 모형시험model test이었다. Maritime Research Institute Netherlands('MARIN')라는 해양연구소가 있다. 세월호 선체조사위원회 보좌관이 예전에 이곳에서 자유항주free running 모형시험을 했던 경험에 착안하여, 세월호 선체조사위원회는 세월호 모형시험을 기획하게 되었다.

모형시험 결과물은 실제 선박으로 하는 시운전 결과물에 비해 정확도가 떨어지기는 하지만, 컴퓨터시뮬레이션을 통해 얻는 자료와는 비교할 수 없는 우월한 가치를 갖는다. 세월호 선체조사위원회는 이미 2017년 5월 15일 목포사무소에서 개최된 제4차 전원위원회에서 모형시험의 필요성을 공유했다. 세월호 선체조사위원회는 그 출범 초기부터 세월호 침몰 당시의 세월호의 급선회나 거동을 평가할 수 있는 비교 자료, 즉 모형시험 데이터를 얻을 필요가 있다고 느꼈던 것이다.

세월호 선체조사위원회는 2017년 11월부터 실제로 자유항주 모형시험을 준비했다. 수조model basin에서 모형시험이 가능한 외국 업체 세 군데를 후보자로 물색한 다음, 그중에서 예산 범위 내에서 선체조사위원회 활동 기간 안에 모형시험 결과물을 제출할 수 있는 업체를 선정했다. 현실적으로 세월호 모형을 만드는 데 약 8주 이상 시간이 필요했고, 업체의 수조를 이용하기 위해서는 다른 발주처의 이용 일자와 충돌하지 않도록 예약해야 했다. 최종적으로 2017년 12월 22일 세월호 선체조사위원회는 MARIN과 계약을 체결했다.

계약 내용은 MARIN에서 세월호 모형을 만들고 컴퓨터 급선회 모의실험(시뮬레이션), 자유항주 모형시험, 침수flooding and sinking 모형시험을 수행하는 것이었다. 세월호 선체조사위원회가 MARIN에 요구한 것은 모형시험 데이터였다. 세월호 선체조사위원회는 MARIN으로부터 제공받을 모형시험 데이터를 분석하여 세월호 침몰 원인 규명의 기초로 삼을 계획이었다.

아주 짧은 몇 주 동안의 자유항주 모형시험만 진행하는 MARIN이라는 상업용 해양연구소가 세월호 침몰 원인에 관한 어떤 결론을 내리는 것은 불가능했다. 만약 상업 연구소가 용역 대금을 받고 진행한 모형시험 결과만 가지고 세월호 침몰 원인을 규명할 수 있다면, 지금까지 그 많은 시간 동안 세월호 침몰 원인을 조사할 필요도 없었을 것이다.

그러나! MARIN은 세월호 침몰 원인에 대한 자신들의 입장을 발표했다. 이건 오버이고 난센스다. 세월호가 침몰한 원인을 규명하기 위해서 국내에서 오랫동안 조사가 진행되었고 2018년 당시에도 여러 방면에서 심층적인 조사가 진행 중인 상황에서, 2~3주간의 자유항주 모형시험을 진행했을 뿐 세월호 침몰과 관련된 다른 심층 조사를 하지도 않은 MARIN이 보여 줄 태도는 아니었다.

세월호 선체조사위원회가 MARIN에 제시한 용역 과업의 내용은 모형시험 자료의 산출과 그에 관한 보고서 제출이었다. 2017년 12월 22일 작성된 세월호 선체조사위원회 명의의 「급선회 컴퓨터 모의시험 및 자유항주, 침수/침몰 모형시험 과업지시서」에는 다음과 같이 분명하게 기재되어 있다.

1. 과업범위
   ○ 컴퓨터 모의시험 (Fast time simulations and Real time simulations)
   ○ 자유항주 모형제작 및 모형시험 (Turning model tests)
   ○ 침수/침몰 모형제작 및 모형시험 (Flooding model tests)
   ○ 국문 및 영문 시험 보고서 2018.04.16.까지 제출

애당초 세월호 침몰 원인에 대한 MARIN의 의견을 구하거나 입장을 묻기 위하여 세월호 모형시험을 추진하고 진행했던 것이 아니었다.

너무나 당연하게도 세월호 선체조사위원회에 제출된 MARIN의 2018년 4월 최종보고서에는 자신들의 연구 수행 과제를 이렇게 기재하고 있다.

1. 세월호의 선회와 횡경사에 초기 횡복원성, 최초의 횡경사, 조류의 세기와 방향, 가해질 수 있는 외부 하중에 얼마나 민감하게 반응하는가?
2. 세월호의 어떠한 조건(항해 또는 선체의 상황)이 화물이 움직이기 시작했을 때, 급선회와 임계횡경사각에 도달하게 하는가?
3. 화물의 이동이 횡경사에 어떤 영향을 미쳤는가?
4. 선회하는 도중에, 좌현과 우현방향으로의 타의 조작은 횡경사에 어떤 영향을 미쳤는가?
5. 조류의 방향과 세기는 선회와 횡경사에 어떤 영향을 미쳤는가?
6. 침수는 어떻게 진행되었는가? (『세월호 선체조사위원회 종합보고서. 부속서 Ⅳ』, 335쪽)

MARIN은 세월호 모형을 두 개 만들었다. 하나는 자유항주 모형시험을 위한 것이고, 다른 하나는 침수 모형시험을 위한 것이다. 자유항주 모형시험용은 세월호 크기의 약 25분의 1로 축소한 것인데, 화물 이동, 타rudder 변환, 속도 변화 등이 가능하도록 제작되었다. 침수 모형시험용은 세월호 크기의 약 30분의 1로 축소한 모형이며, 내부에 물이 들어오는 과정을 볼 수 있도록 투명한 재질로 제작되었다.

2018년 1월 22일부터 1월 29일까지 6일 동안(제1차), 그리고 2018년 2월 28일부터 3월 2일까지 3일 동안(제2차), 합계 9일 동안 총 300여 회의 자유항주 모형시험이 진행되었다. 시험에 적용할 조건은 세월호 선체조사위원회가 MARIN에게 제시했는데, 그중 GoM

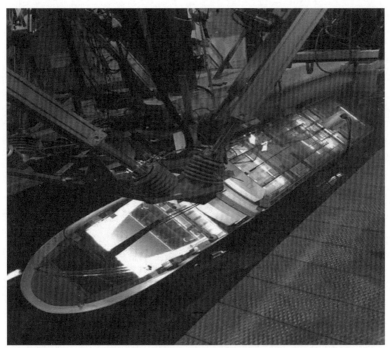

MARIN 침수 모형시험용 30분의 1 크기의 세월호 모형(2018년 2월 21일 촬영)

MARIN 자유항주 모형시험용 25분의 1 크기의 세월호 모형(2018년 6월 29일 촬영)

값은 0.60, 0.45, 0.34, 0.19, 0.06 등으로 다양했고, 타각 조건도 5도에서 35도 전타까지 여러 가지였으며, 화물 이동도 횡경사 18도와 33도에서 시작해 보았고, 기타 홀수吃水(배가 물 위에 떠 있을 때 물에 잠겨 있는 부분의 깊이, 일반적으로 수면에서 배의 최하부까지의 수직거리) 조건이나 핀 스태빌라이저(핀 안정기) 가동 조건 등도 바꾸어 시험해 보았다. 그렇지만 세월호 사고 당시의 항적을 구현해 내지는 못했다.

그리고 2018년 2월 20일부터 2월 24일까지 5일 동안 침수 모형시험을 수십 차례 진행했다. 세월호 모형이 가라앉는 모습을 지켜보며 매우 힘들었다.

세월호 선체조사위원회가 자유항주 모형시험을 위해 네덜란드에 가 있던 2018년 1월 말경, 국내에서 이미 유사한 자유항주 모형시험을 진행했다는 사실을 알게 되었다. 2014년 여름에 선박해양플랜트연구소KRISO에서 세월호를 약 42분의 1로 축소한 모형으로 수조내에서 자유항주 모형시험을 여러 차례 진행했다는 것이다. KRISO의 시험 수행 횟수가 적었긴 하지만 적용한 복원성, 타각, 화물 이동조건으로는 급선회 항적이 재현되지 않았다는 점에서, 그때의 자유항주 모형시험 결과는 MARIN에서 수행한 제1차 자유항주 모형시험 결과와 비슷했다.

그런데 KRISO에서 실시한 자유항주 모형시험의 결과는 당시검경 합동수사본부에 제출되지 않아 2018년 봄까지 세월호 유가족을 포함한 우리 국민들은 그런 시험을 했다는 사실 자체를 알지 못했다. 그 후 세월호 선체조사위원회에서는 KRISO에 대한 실지조사를 거쳐 KRISO의 자유항주 모형시험 결과를 은폐한 책임자를 검찰에 고발했다.

KRISO의 자유항주 모형시험 실시 사실과 그 결과를 진작 알았더라면, 세월호 선체조사위원회가 자유항주 모형시험을 위해 네덜란드까지 가지 않았을지도 모른다. 그리고 세월호 침몰 원인 규명의 시간이 아주 많이 단축되었을지도 모른다. 너무도 아쉽고 어이없는 일이다.

9 미완의 과제를 남긴 제3차 모형시험

    2018년 6월 20일, 세월호 선체조사위원회의 '선체 · 유류품 · 유실물 조사 및 미수습자 수습 소위원회'('제1소위원회') 제13차 회의에서 '급선회 컴퓨터 모의시험 및 자유항주, 침수침몰 모형시험 MARIN 용역'을 의결했다. 그 회의에서는 MARIN 제3차 모형시험의 조건을 공개적으로 결정했다. 2018년 6월 26일부터 7월 1일까지 MARIN이 있는 네덜란드 바헤닝언Wageningen으로 출장을 떠나게 되었다. 가는 도중에 영국 에딘버러에 있는 롤스로이스Rolls-Royce사를 방문했다. 롤스로이스 사는 세월호에 장착된 핀 스태빌라이저 제조사이다. 일본에서 세월호를 건조할 당시의 핀 스태빌라이저 제조사는 브라운브라더스Brown Brothers였으나, 세월호 선체조사위원회 활동 기간에는 롤스로이스로 변경되어 있었다.

    앞 장에서 보았듯이, 애초에 세월호 선체조사위원회 차원에서는 2017년 12월 22일부터 2018년 4월 30일까지 MARIN과 '급선회 컴퓨터 모의시험 및 자유항주, 침수/침몰 모형시험' 용역 계약을 체결했다. 이 용역 계약에 의해 진행된 모형시험을 흔히 "MARIN 제1, 2차 모형시험"이라고 부른다. 그런데 2018년 4월 13일 금요일 세월호 선체조사위원회 제18차 전원위원회에서 외력과 관련된 검증을 위한 TF 구성을 의결하면서 "MARIN 제3차 모형시험"을 준비하게 되었다. MARIN 제3차 모형시험은 그 자체로는 '세월호 침몰 원인이 외력'이라는 것을 증명하는 것이 아니었다. '세월호 침몰에 외력이 작용했을 가능성'을 확인함으로써 이후의 진상규명으로 나아가기 위한 중간 과정이었을 뿐이다.

세월호 외력검증 TFT에서는 이미 진행된 MARIN 제1, 2차 모형시험의 한계를 절감하고 있었다. GoM, 타각, 선속, 화물 이동, 엔진정지 시점 등의 변수에 대한 여러 조건을 적용하여 300여 차례 시험을 실시하였으나, 침몰 사고 순간을 재현하였다고 판단할 수 있는 경우를 확인하지 못하였던 것이다. 그리고 세월호에 가해졌을 것으로 추정되는 외력에 대하여 효과적인 시험을 실시하지 못하였기 때문에 MARIN 제1, 2차 모형시험의 결과로는 사고 원인을 규명하는 데 한계가 있다고 판단하였다. 그런데 안타깝게도 MARIN 제3차 모형시험은 2018년 6월 26일부터 6월 29일까지 3일 동안의 짧은 시간과 세월호 선체조사위원회의 가용 예산 부족으로 인해 침수 모형시험을 계획하지 못한 채 자유항주 모형시험만 진행하기로 준비되었다. 외부 조건에 의한 제약 아래 불가피한 선택이었다.

세월호 외력검증 TFT는 네덜란드로 출발하기 전에 MARIN 제3차 모형시험조건을 MARIN에 보내서 모형시험의 준비를 마쳤다. 2018년 6월 20일 제13차 제1소위원회에서 결정한 MARIN 제3차 모형시험조건을 요약하여 정리하면 다음과 같다.

(1) 홀수 및 GoM 조건
GoM: 0.58M, 선수 홀수: 6.05 미터, 선미 홀수: 6.35 미터
(2) 초기 속도 (Approaching speed)

- 17.50노트 : AIS 자료 중 SOG 기준
- 19.00노트 : 조류 속도 고려한 대수속력 기준

(3) 타각 조건

- 고정타각 : 5도, 10도, 30도, 35도, 37도, 40도
- 변동타각 : 5도 → 37도
- 타각 변화 속도 반영 (기준 속도 2.3도/초, 반영 속도 4.0도/초)
- 솔레노이드 밸브 고착으로 인하여 우현 37도까지 전타되었을 것이라는 가정을 반영하여 우현 37도를 적용하여 시험

(4) 화물 무게중심 이동

황경사각	화물 이동			
	화물 무게	VCG	최대 이동 거리	이동 시간
18도	140MT	14.4m	4.3m	18도 도달 후 10초 동안 이동
33도	2,036MT	10.1m	1.7m	33도 도달 후 10초 동안 이동

(5) 엔진정지 시점

- 좌현 45도 횡경사 시점에 우현 엔진 정지, 우현 엔진 정지 후 70초 시점에 좌현 엔진 정지

(6) 핀 안정기

- 좌우현 핀 안정기 고정
- 핀 안정기 제조사 출장 결과에 따라 조건 변경 가능

(7) 외력 적용

특히 외력을 적용하기 위해서, MARIN에서 미리 전산유체유동해석Computational Fluid Dynamics(CFD)을 통해 외력의 크기를 산정하기로 예정되어 있었다. MARIN 제1, 2차 모형시험에서는 주로 횡경사 및

횡경사 속도 증가에 초점을 맞춰 시험이 진행되었으나, MARIN 제3차 모형시험에서는 캐리지carriage(전차)에 추가 장비를 설치하여 선회 속도까지 증가시킴으로써 세월호 AIS 자료에서 확인할 수 있는 선회율을 구현할 예정이었다.

제2장 마지막 문단에서 세월호 외력검증 TFT가 외력설과 관련하여 "의혹과 쟁점"을 제기했다고 언급한 문서를 설명할 때 부기했듯이, "AIS"란 선박의 위치, 속력, 제원, 화물의 종류 등 각종 정보를 자동으로 송수신하는 선박자동식별시스템을 말하며, "선회율Rate of Turn(ROT)"이란 선수방위각의 단위시간당 변화율을 말한다. 그리고 "SOG"란 "speed of the ground"의 줄임말로 "대지속력對地速力"이다. 선박은 물 위에서 바람이나 해류 등의 영향을 받아 항해하므로 이때의 속력과 육지에서 이동한 것으로 쳤을 때의 속력 사이에 차이가 나는 경우가 있는데, 앞엣것을 대수속력對水速力이라 하고 뒤엣것을 대지속력對地速力이라 한다.

세월호 외력검증 TFT가 네덜란드에 도착했을 때, MARIN에서는 이미 MARIN 제3차 모형시험에 적용할 외력의 크기를 계산해 두었다. CFD 계산 결과, 약 22,590kN으로 추정했다. 1뉴턴(N)은 1kg의 물체를 1초에 1m 이동하는 데 드는 힘이고 1,000N이 1킬로뉴턴(kN)인데, 1kN은 정적인 무게 102kg에 해당한다. 외력의 크기가 약 22,590kN라는 것은 선체를 초당 ROT 15.0°로 회전시키기 위한 외력이 선체 길이 방향으로 약 2,308t 필요함을 의미하며, 좌현 핀 스태빌라이저에만 작용시킬 경우 외력이 26,133t에서 232,763t에 이를 것이라고 수학적인 계산으로 추정한 것이다. 다만, 제한된 수행 시간으로 인해 간략화된 CFD 해석을 수행했기에, 그 정량적인 값에 대한 검증은 이루어지지 못했다. 그리고 외부의 알 수 없는 힘이 가

2018년 6월 28일 MARIN 세월호 모형 외력 시험 중 윈치와의 연결선을 정비하는 모습

해졌을 때 세월호 핀 스태빌라이저의 회전축pin shaft에 소성변형(외부의 힘이 작용하여 변형된 고체가 그 힘을 없애도 본디 상태로 되돌아가지 아니하는 변형)이 없이 깨끗한 상태를 가정하고 계산했을 때는 2,590kN(260t)으로 추정했다. 다시 말해서 핀 스태빌라이저에는 아무런 변화가 없이 세월호 모형만 움직이는 상태를 가정했다는 말이다. 그러나 이 가정은 정확하지 않은 것이었다.

나중에 핀 스태빌라이저를 분석해 본 결과, 소성변형이 여러 군데 있었다는 것이 확인되었다. 어찌 되었든 자유항주 모형시험 중 외력의 최댓값을 두 추정값 중에서 작은 값인 260t의 하중으로 하기로 했다. 세월호 모형의 핀 스태빌라이저가 아무 이상이 없을 뿐만 아니라 세월호 모형에 외력을 가하는 장치도 고장 나지 않고 정상적으로 견딜 수 있는 한계로 260t 하중이 채택된 것이다. 여기서 외력을 가하는 장치는 캐리지에 달린 윈치인데, 윈치란 밧줄이나 쇠사슬을 감았다 풀었다 함으로써 무거운 짐을 움직이거나 끌어올리는 데 쓰는 기계를 말한다. 윈치의 사용은 외력의 가능성을 확인하기 위한 세월호 모형시험에 의도하지 않은 제약을 가한 것으로서, 다음 장에서 보게 되듯이 MARIN 제3차 모형시험의 근본적인 한계로 작용했다.

그런데 매우 실망스럽게도, MARIN은 외력 시험 도중에 윈치가 고장 났다고 했다. 실제로 고장 났던 것인지, 그렇다면 그 고장 원인이 무엇인지 아직까지 알려진 바가 없다. 그래서 외력 시험이 중단되었고, 세월호 외력검증 TFT는 외력 시험을 마무리하지 못한 채 귀국할 수밖에 없었다. 귀국 후, MARIN에서 윈치를 고친 다음 독자적으로 추가 시험을 했다고 하면서 보내 준 나머지 외력 모형시험 결과를 받았다. 이로써 세월호 외력검증 TFT가 직접 찾으려고 했던 외력의 가능성에 대해서는 확인하지 못한 미완의 모형시험이 되고 말았다.

이러한 한계에도 불구하고, 이 미완의 제3차 모형시험에서도, 외력을 배제할 수 없다는 결론을 얻을 수 있었다. 윈치가 고장 나기 전, 외력의 가능성을 확인할 수 있으리라는 기대(외력의 방향을 설정할 수 있는 윈치의 설치 위치를 최적화한다면, 윈치의 역효과인 원치 않는 선속 증가, 횡경사 방해, ROT 감소 등을 최소화하면서 외력의 효과를 극대화할 수 있을 것이라는 기대)를 부풀게 했던 초당 ROT 2.6°의 중간 결과를 얻은 것이다. GoM 0.06~0.6의 광범위한 복원성, 대각도 타각 0°~35°~40°, 보수적인 화물 이동, 대수속력 1.5knots 증가(조류 효과 고려) 등 가혹한 모형시험조건으로도 이르지 못한 선회율 한계(초당 2.0° 이하)를 외력으로 극복 가능함을 확인한 것이라 할 수 있다. 조사 종료가 임박한 시점에 MARIN은 윈치를 이용하는 방식을 제안했는데, 자유항주 모형에 장력이 작용하여 모형의 자유로운 운행이 방해받고 외력 작용 전후에 모형의 거동이 구속되는 것은 이 방식의 근본적인 한계였다.

제3차 모형시험에서는 17.5노트 선속과 35도 타각이 공통 조건이었다. 윈치의 위치는 총 5개를 적용했으며, 수평각 18°, 28°, 58°와 수중 도르래 위치를 수면 밑 10m, 20m, 70m로 적용하여 총 27건의 시험을 수행하였다. MARIN의 CFD 외력 산정 실패에 따라 광범위한 외력 변수를 상당 부분 반영할 수 있는 방법을 찾지 못한 상태에서 모형시험 경우의 수가 제한되었던 것이다.

〈도표 1〉과 〈도표 2〉는 「세월호 외력 검증 TFT 조사결과보고서」에 "별첨 2"로 실렸던 「180722_외력 검증 자유항주 모형 시험」에 담겼던 것이며,『세월호 선체조사위원회 종합보고서. 부속서-Ⅲ. 조사결과보고서 Ⅲ』111쪽에서 볼 수 있다.

〈도표 1〉에 나타나 있는 것처럼 260t 외력을 좌현 핀 안정기에 수평각 28도와 수중 도르래 위치 20m에서 15초간 작용하면 초당 ROT가 2.6도까지 증가함을 확인했다. 외력을 적용시키지 않은 같은 조건에서의 최대 초당 ROT는 2.0도이므로 외력에 의해 약 초당 0.6도 이상 추가로 더 선회했으며 이 증가 경향은 외력을 적용하는 즉시 바로 나타난 것도 확인할 수 있었다. 그런데 선수각과 대지 침로의 차이인 편각은 외력 작용이 끝난 약 15초 후부터 증가하는 것을 볼 수 있었으며, 약 30초 후에는 외력 없는 조건에서의 편각으로 수렴하는 것을 확인할 수 있었다. 외력에 의해 증가한 선회 시 편각이 자력에 의한 편각보다 더 큰 값에 이를 수 있지만 지속적인 외력 없이는 그 편각의 수준이 자력 선회 수준으로 떨어지면서 외력 작용

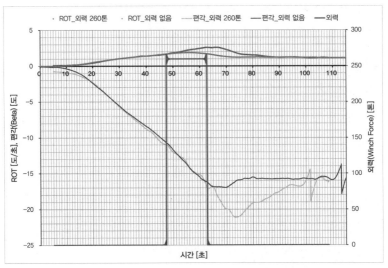

MARIN 제3차 모형시험 중 일부 데이터 비교 도표 1

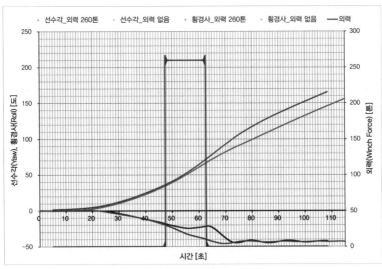

MARIN 제3차 모형시험 중 일부 데이터 비교 도표 2

이전 수준으로 복귀하는 것으로 해석할 수 있다.

〈도표 2〉는 위와 같은 외력 작용 시 선수각과 횡경사를 비교한 그래프이다. 선수각은 외력 작용 후반부에 자력 선회와 대비하여 최대 5도 증가하고 외력 작용 후 약 15초 후부터 약 20도 증가 상태를 유지했다. 외력 작용 후에는 외력 작용 시 증가한 선수각의 차이를 증감 없이 계속 유지했다고 해석할 수 있다. 횡경사의 경우는 외력 작용 즉시 감소하기 시작하면서, 작용이 끝나면 자력(외력이 없을 때) 대비 최대 20도 감소했다. 하지만 최대 횡경사는 외력 작용 후 다시 증가하여 약 8초 후에 외력이 없을 때와 같은 값에 도달했다.

따라서 260t 외력을 좌현 핀 안정기에 수평각 28도와 수중 도르래 위치 20m에서 15초간 작용하면, 초당 ROT는 0.6도 정도 유의미하게 증가하나 횡경사는 오히려 방해하는 것임이 명백하다.

종합하면, 윈치의 작용으로 인해 최대 ROT와 ROH 값이 증가하긴 하지만 부작용으로 선속이 더 많이 증가된 것으로 추정할 수 있고, 윈치에 의한 외력은 선회각이 증가함에 따라 선회를 방해하는 역할도 하는 등 추돌 시나리오와는 차이를 보일 수밖에 없는 한계역시 확인했다.

10 모형시험에서 실패한 외력 구현 방법

2018년 6월 26일부터 6월 29일까지 단 3일 동안 네덜란드에서 MARIN 제3차 모형시험을 진행했다. 세월호에 가해진 외력의 가능성을 확인하는 제3차 모형시험의 관건은 수조 안에서 세월호 모형에 외력을 가하는 적절한 방법을 찾는 데 있었다.

세월호 침몰 당시 정체를 알 수 없는 외력이 작용했다고 가정한다면, 세월호 모형을 움직이는 힘과는 독립된 별개의 것으로서 외부의 힘이 세월호 모형에 작용하는 방법을 찾아야만 했다. 그 별개의 힘에 의해 가해진 외력의 가능성을 확인해야 한다는 것이다.

사실 MARIN에서는 일찍이 세월호 선체조사위원회가 요구하는 외력 가능성 확인시험이 가능하다고 비공식적으로 언급하기도 했었다. 그것은 MARIN의 수조 안에서 세월호 모형에 제3의 추진체가 충격을 가하는 방법이었다. 잠수함 모형을 따로 만들어 제3의 추진체 역할을 맡기는 것을 암시했다. 그때는 MARIN 제1, 2차 모형시험을 추진하던 시기였고, 세월호 선체조사위원회나 MARIN 양측 모두 2018년 6월 말에 추가 모형시험이 실제로 진행될 것이라고 예상하기 어려웠던 시기였다.

세월호 외력검증 TFT가 공식적으로 MARIN 제3차 모형시험을 추진하면서, 양측은 자유항주 상태의 세월호 모형을 전원 및 신호선으로 캐리지와 연결한 다음에 추가 장비를 설치하여 외력 시험을 수행하는 것에 대해 협의했다. 윈치를 캐리지에 설치하고 세월호 모형의 좌현 핀 스태빌라이저에 선을 묶어 윈치가 수중에서 잡아당기는 방식을 채택했다.

세월호 외력검증 TFT나 MARIN에서는 이런 '윈치 방식'의 효과나 부작용에 대해 사전에 정확하게 알지 못했다. 그런 방식은 자유항주 모형시험 도중 세월호 모형선에 자체 동력 이외의 제3의 힘을 작용시킨다는 기본적인 문제의식만 충족시킬 뿐, 너무 많은 변수와 가능성을 포함하고 있었다. 캐리지에 윈치가 설치되는 지점, 윈치를 당기는 지속시간, 윈치가 당기는 힘의 크기, 윈치의 당김줄의 위치 등에 따라 세월호 모형선의 움직임에 주는 영향이 모두 달라진다. 이런 문제점을 어떻게 해결하고 극복할 것인지에 대해서 그 누구도 해답을 찾지 못했다.

우선, 세월호 모형선을 장착한 캐리지가 360도 원형으로 구성되었다. 캐리지에 장착된 세월호 모형선의 좌현 핀 안정기를 묶은 줄을 당길 수 있는 윈치의 지점은 세월호 모형 우현, 즉 캐리지의 중간 정도에 있다. 그런데 MARIN 제3차 모형시험에서 윈치의 위치는 캐리지 28도 우현과 58도 우현, 두 군데만 설정했다. 둘째, 윈치를 당기는 지속시간은 여러 가지를 설정할 수 있다. MARIN 제1, 2차 모형시험에서는 그 시간을 1초로 설정했는데, 그 외력의 영향이 ROT(선회율)를 유의미하게 증가시키지 못한다는 것을 확인했다. MARIN 제3차 모형시험에서는 윈치를 당기는 지속시간을 5초, 10초, 15초로 설정했다. 셋째, 윈치가 당기는 힘의 크기 역시 매우 가변적이다. MARIN에서는 전산유체유동해석 계산을 통해서, 세월호 모형의 핀 스태빌라이저에 변형이 없고 캐리지에 장착된 윈치의 모터도 고장 나지 않는 한계값으로 260t의 하중을 설정했다. MARIN 제3차 모형 시험 일정에서 윈치가 당기는 힘의 크기는 50t, 150t, 260t으로 정했 다. 260t이 넘는 외력을 시험하지 못한 아쉬움이 남는다. 마지막으 로, 윈치의 당김줄의 위치 역시 외력의 작용에 변화를 준다. MARIN 제3차 모형시험은 수면 아래 10m, 20m, 70m, 세 가지로 계산하여 진 행되었다.

윈치를 이용한 외력 시험은 어떤 조건을 만드는가에 따라서 너무 다른 결과를 보여 준다. 게다가 MARIN 제3차 모형시험의 외력 시험은 제한된 조건 설정 속에서 진행되어 그 결과가 너무 부족하고 빈곤하다. 그래서 MARIN 제3차 모형시험의 결과를 가지고 세월호 침몰 원인에 외력이 작용했는지 안했는지 결론 내리는 것은 완전히 잘못된 것이다. 그야말로 난센스다.

그런데 MARIN은 이런 문제점에 대한 인식이 별로 없었던 것 같다. MARIN은 세월호 선체조사위원회에 제출한 MARIN 제3차 모형시험 보고서 초안에 "외력 가설 기각"이라는 결론을 담았다. MARIN 제3차 모형시험의 외력 조건과 시험 과정을 종합해 볼 때 이런 결론이 맞지 않은 것은 물론이고, 세월호 선체조사위원회의 용 역 발주에서 정한 과업 범위를 넘어선 것이었다. 세월호 외력검증 TFT에서는 즉시 보고서 초안에 담긴 결론의 문제점을 지적하면서 수정할 것을 요구했다. 그래서 MARIN 제3차 모형시험 보고서에서 "외력 가설 기각"이라는 황당한 표현은 사라지게 되었다.

이와 관련된 에피소드 하나를 소개한다. 2018년 8월 2일 세월호 선체조사위원회 활동 종료 4일을 남겨 둔 시점에서 모 인터넷 언론 은 MARIN의 3차 보고서를 단독 입수했다며, 외력 가설이 기각되었

세월호 모형 우측에 윈치를 설치하여 모형 좌측 핀 안정기를 수면 아래 선으로 당기는 MARIN
실험(마린의 제3차「세월호 추가 선회 및 횡경사 모형시험. 최종보고서」13쪽)

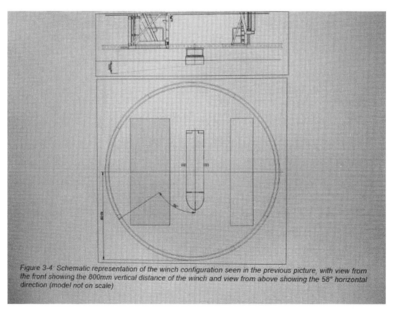

Figure 3-4: Schematic representation of the winch configuration seen in the previous picture, with view from
the front showing the 800mm vertical distance of the winch and view from above showing the 58" horizontal
direction (model not on scale)

위 사진에 나타난 윈치 구성에 관한 도해도. 정면에서 바라본 800mm 수직거리와 위에서 바라본
58도 수평 각도에 윈치가 설치됨(모형의 치수는 맞지 않음)(마린의 제3차「세월호 추가 선회 및
횡경사 모형시험. 최종보고서」13쪽)

MARIN 세월호 모형과 윈치를 연결한 선(2018년 6월 28일 촬영)

다는 MARIN 보고서 초안을 외력검증 TFT에서 수정하도록 지시하여 그 부분이 삭제되었다고 보도하였다. 이는 사실이 아니다. 제8장에서도 언급하였듯이 사고 원인에 대한 결론을 내는 것은 MARIN의 과업 범위가 아니었기에 해당 내용은 MARIN 보고서에 기술되기에 적절하지도 않았을 뿐더러 시험의 조건과 과정도 충분치 못한것이었기에, MARIN과 협의하여 보고서가 업데이트된 것이었다. 그인터넷 언론이 단독 입수하였다고 하면서 보도한 2018년 8월 2일 당일 새벽에 세월호 선체조사위원회의 일부 구성원이 내부 결재를 통해 MARIN 보고서를 대국민 공개 대상으로 만들었다. 그 새벽에 무엇 때문에 이런 일을 벌였을까? 이렇게 이해하기 어려운 내부 결재행위에 대하여 세월호 유가족이 세월호 선체조사위원회 마지막 전원위원회에서 형사고발을 언급하면서 강력하게 성토한 바 있다(「세월호 선체조사위원회 제31차 전원위원회 회의록 4~19쪽 참조).

    MARIN은 어쩌면 제3차 모형시험 자체에 소극적이지 않았을까 하는 생각이 든다. 모형시험 처음부터 끝까지 그들은 외력 가능성을 염두에 두지 않았다는 느낌을 강하게 받았다. 그 느낌은 지금도 여전히 남아 있다

11 비밀을 간직한 핀 스태빌라이저 비틀림

    동거차도 앞바다 수중에서 인양된 세월호가 목포신항에 거치된 2017년 4월 초부터는 언제든 세월호의 외관을 살펴볼 수 있었다. 약 3년 동안 수중에서 부식된 채 인양 과정에서 받은 충격을 고스란히 품은 세월호였다. 선체 우현은 비교적 괜찮은 모습을 보여 주고 있었지만, 좌현은 인양을 위해 설치한 리프팅 빔에 가려 여전히 그 외관조차 제대로 보여 주지 않았다.

    리프팅 빔 사이로 세월호 선체 좌현이 언뜻언뜻 보였고 그중에서 아주 특이한 부분이 있었다. 세월호 좌현 핀 스태빌라이저의 연결부가 절단된 모습이 아주 이상했다.

    외부에서 세월호에 충격이 가해질 때 그 충격이 선체 외판에 직접 작용하지 않도록 하는 유일한 부위가 좌우의 핀 스태빌라이저fin stabilizer, 즉 핀 안정기다. 배가 선체 중앙을 중심으로 좌우로 번갈아 진동하는 횡동요橫動搖를 줄이기 위해 배의 양쪽에 물고기의 가슴지느러미처럼 달려 있는 장치이며, 날개를 돌리면서 양력(유체 속의 물체가 수직 방향으로 받는 힘)의 크기와 방향을 조절할 수 있게 설계되어 있다.

    세월호는 침몰 당시에 좌우 핀 스태빌라이저를 펼친 채 운행하

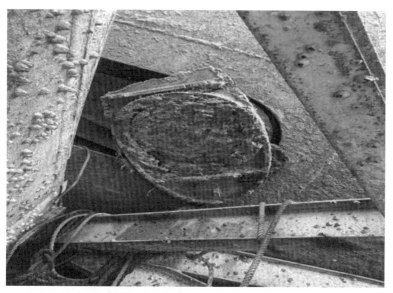
절단된 세월호 좌현 핀 스태빌라이저 연결부(2017년 4월 18일 촬영)

고 있었다. 그런데 절단된 부위가 어쩐지 비틀어진 모습이었다. 눈으로 보아도 쉽게 알 수 있었다. 세월호의 핀 스태빌라이저는 재질이 매우 단단해서 웬만한 충격을 주어서는 변형이 생기지 않는다. 오죽하면 인양을 맡은 상하이샐비지 잠수 총감독이 "배 중앙부의 핀 스태빌라이저를 절단하는 게 특히 어려웠다"라고 말했겠는가?

　　상하이샐비지는 세월호 선체 좌현에 리프팅 빔을 장착하기 전에 무려 보름 동안이나 작업하며 해저에서 세월호 좌현 핀 스태빌라이저의 연결부를 절단했다. 예전에 4·16세월호참사 특별조사위원회는 세월호 인양을 이유로 세월호 좌현 핀 스태빌라이저 연결부를 절단해서는 안 된다고 해양수산부를 통해서 강력하게 얘기했었다. 그러나 2016년 당시 4·16세월호참사 특별조사위원회는 그걸 막을 힘이 없었고, 결국 세월호 좌현 핀 스태빌라이저 연결부는 해저에서

세월호 선체에서 절단된 좌현 핀 스태빌라이저(2017년 5월 12일 촬영)

절단되었다. 핀 스태빌라이저 연결부의 일부는 산소절단기로 작업하는 과정에서 없어졌다. 혹시라도 사라진 절단 부위에 충격 흔적이 표현되었다 하더라도, 이제 그것은 영원히 사라져 버렸다. 이런 이유 때문에 4·16세월호참사 특별조사위원회가 결사적으로 핀 스태빌라이저 연결부 절단을 반대했던 것이다.

어쩔 수 없이 이제부터는 추론과 과학적 분석을 통해 세월호 좌현 핀 스태빌라이저의 변형 원인을 알아내야 한다. 세월호 선체조사위원회는 외부 용역을 주어 좌현 핀 스태빌라이저의 상태를 기록하고 과도한 회전 현상을 분석하도록 했다. 그 결과, 좌현 핀이 중심선을 기준으로 50.9도 회전되어 있는 것을 확인했다. 핀fin이 (정상적인 상태에서) 최대로 작동할 수 있는 각도인 25도보다 25.9도를 초과하여 비틀린 것이다. 그리고 맨눈으로도, 핀 축fin shaft 표면과 그 접촉면인 내부 보스boss부 표면에서 원주 방향으로 긁힌 자국을 발견할 수 있었다. 이러한 현상은 과도한 외력에 의해서 핀이 축으로부터 원주 방향으로 회전되었을 때 나타날 수 있는 현상이었다.

2018년 2월 21에 작성되고 2018년 2월 28일 자로 제출된「세월호 핀안정기 내외부 개방 및 정도검사 용역 수행 보고서」에는 "핀 축 표면과 핀 축에 접촉면인 내부 보스(boss)부 표면을 육안검사 한 결과 양쪽 접촉면에서 원주방향으로 긁힌 자국(scrach)이 발견되었음. 이러한 현상은 과도한 외력에 의해서 핀이 축으로부터 원주방향으로 회전되었을 때 나타 날 수 있는 현상임"(『세월호 선체조사위원회 종합보고서 부속서-Ⅳ』, 424쪽)이라고 기재되어 있었다. 이를 통해 세월호 좌현 핀 스태빌라이저의 과도한 비틀림이 외력에 의해 발생했다는 것을 확인했고, 이것은 부정할 수 없는 객관적인 사실이 되었다. 이때만 해도 세월호 선체조사위원회에서 외력설이 논의되거나 잠수함이 언급되지는 않았다.

객관적인 사실로 확인된 핀 스태빌라이저의 과도한 변형의 원인에 대해서는 크게 두 가지 가설이 가능해졌다. 하나는 침몰 당시 세월호 좌현 선체가 해저 표면에 부딪힐 때 핀 스태빌라이저가 해저를 뚫고 들어가면서 받은 충격을 생각해 볼 수 있다. 이를 '착저 과정 원인설'이라 이름 붙일 수 있다. 다른 하나는 정체를 알 수 없는 제3의 외부 물체가 세월호 좌현 핀 스태빌라이저에 부딪혔을 때 받은 충격을 생각해 볼 수 있다. 이를 '외부충격 원인설'이라 이름 붙일 수 있다.

소위 착저 과정 원인설은 두 가지 전제가 뒷받침되어야만 입증된다. 먼저, 가장 중요하게는, 침몰한 세월호 선체가 수중에서 해저 표면에 떨어질 때의 속도가 좌현 핀 스태빌라이저가 해저 표면 아래로 꽂힐 정도로 아주 빨라야 한다. 그래야만 좌현 핀 스태빌라이저에 비틀림 변형을 가할 정도의 강력한 외력이 발생할 가능성이 생기기 때문이다. 그다음으로, 세월호 좌현 핀 스태빌라이저가 꽂히는 지점의 지반 강도가 아주 강해야 한다. 집에서 콘크리트 벽에 못을 박을 때 못이 그대로 들어가지 않고 휘는 경우를 생각해 보면 그 이유를 알 수 있을 것이다.

2014년 4월 16일 세월호 침몰 현장을 며칠 동안 TV 생중계로 지켜봤던 기억을 되살리면, 세월호 선체가 뒤집힌 다음에 구상선수 부분이 수면 아래로 완전히 숨어 버린 것이 세월호 참사 3일째인 2014년 4월 18일 오후 12시 30분경이었다. 유체 속을 운동하는 물체가 파동을 일으킴으로써 받는 저항을 "조파저항造波抵抗"이라 하는데, 이 조파저항을 줄이기 위해 공 모양으로 만든 돌기가 "구상선수"이며 세월호의 구상선수는 배가 물 위에 떠 있을 때 배와 수면이 접하는 경계가 되는 흘수선吃水線 아래에 있다. 세월호 선체 길이는 선수부터 선미까지 145.61m이고, 동거차도 앞바다의 깊이는 약 40~45m 정도이다. 그렇다면 세월호 선미 부분이 먼저 밑바닥에 닿고 서서히 세월호 선체가 가라앉는 것은 당연한 일이다. 2014년 4월 19일에도 세월호 선미 부분은 해저에 닿고 선수 부분은 수중에 떠 있었을 것으로 추정되고, 이것은 어느 정도 확인할 수 있는 내용이다. 선미가 먼저 해저에 닿은 상태에서 그 이후에 세월호 선체 전체가 언제 해저에 닿았는지는 정확히 알 수 없다. 또한 세월호 좌현 핀 스태빌라이저가 해저에 닿는 순간의 속도가 얼마였는지도 정확히 알 수 없다. 그러나 세월호가 며칠에 걸쳐서야 완전히 침몰한 것이라면, 세월호 좌현 핀 스태빌라이저가 해저에 꽂히면서 비틀릴 정도의 속도가 나오는 것은 거의 불가능할 것이다. 이것은 거의 진실이다.

세월호 외력검증 TFT에서는 세월호 좌현 핀 스태빌라이저가 박혀 있던 지점의 지질 특성을 감안할 때 바닥에 꽂히는 핀 스태빌라이저를 회전시킬 수 있는 힘의 크기가 얼마인지 주목했다. 그래서 2018년 5월부터 외부에 '세월호 좌현 핀안정기 작용 하중 해석 평가' 용역을 발주했다. 세월호 핀 스태빌라이저가 해저 바닥에 꽂힐 때 조금이라도 비틀리는 데 어느 정도의 힘이 필요한지를 규명하는 것이었다. 세월호 좌현 핀 스태빌라이저가 50.9도만큼 비틀어지는 데 필요한 힘(에너지)의 크기를 밝히는 것이 결코 아니었다.

"토크$_{torque}$"라는 물리학 용어가 있다. 주어진 회전축을 중심으로 회전시키는 힘으로서 "비틀림모멘트"라고도 하는데, 단위는 "Nm(뉴턴미터)"로 표시한다. 1뉴턴(N)은 1kg의 물체를 1초에 1m 이동하는 데 드는 힘이며, 1,000N인 1kN은 정적인 무게 약 102kg 정도로 생각할 수 있다.

힘의 크기를 밝히는 연구를 위해서, 상하이샐비지와 한국해양과학기술원 등에서 조사한 세월호 침몰 지역 지반에 대한 보고 자료를 종합하고 분석해서 해저 표면의 지질 특성을 정리했다. 위 용역 결과(「세월호 좌현 핀안정기 작용 하중 해석평가」, 2018년 7월 4일), 핀 스태빌라이저가 진도 동거차도 앞바다 해저 바닥에 꽂힐 때 약 11.7톤m(114.4kNm)의 토크가 작용한다는 결론이 나왔다. 진도 동거차도 앞바다 해저 표면의 지질 특성과 굳기라는 조건에서 세월호 좌현 핀 스태빌라이저가 해저에 박히면서 2.5m 깊이로 핀이 완전히 지반에 관입貫入했을 때 약 11.7톤m의 토크가 작용한다는 말이다. 이 결론에 의하면, 세월호 좌현의 해저 착저 과정에서 세월호 좌현 핀 스태빌라이저가 정상적으로 움직이는 25도까지 비트는 힘(유압으로 작동하기에 유압을 거스르는 힘 약 7톤m)은 어느 정도 깊이까지 관입하면 생길 수 있지만 비정상적으로 25.9도를 더 비트는 힘이 나오는 건 불가능하다.

세월호 외력검증 TFT는 영국 에딘버러에 있는 핀 스태빌라이저 제조사 롤스로이스 사를 방문하여 핀 스태빌라이저가 비틀어지기 시작하는 토크의 크기를 확인하고자 했지만, 그들은 알려주지 않았다. 세월호 핀 스태빌라이저는 이제 생산하지 않으며 오래되어 관련 자료가 없다고 했다. 그렇지만 세월호 핀 스태빌라이저가 비틀리기 시작하는 토크는 적어도 수십 톤은 될 것이라고 추정할 수 있다.

소위 착저 과정 원인설로는 세월호 좌현 핀 스태빌라이저가 50.9도 되도록 과도한 비틀림 현상을 설명할 수 없는 건 분명해졌다.

그렇다면 남은 것은 소위 '외부충격 원인설'이다. 그런데 세월호 외력검증 TFT의 활동은 여기에서 멈췄다. 외력 충돌 원인에 대한 조사에 착수하지도 못하고 끝났다. 세월호 선체조사위원회 자체의 활동 기간이 2018년 8월로 끝나 버린 것이다.

세월호 외력검증 TFT는 외력의 "가능성"을 확인하는 것으로 자기 임무를 다했다. 세월호 선체조사위원회 자체의 활동 종료일이 얼마 남지 않았던 2018년 4월 13일 전원위원회에서 TF 구성을 의결했고, "외력설에 대한 검토 없이 참사 원인에 대한 조사를 마무리할 수 없다고 생각되어 주어진 기한 내에 가능한 범위까지 조사에 착수하여 의혹을 해소할 필요가 있"다는 위원장의 문제의식에서 출발해서 '외력의 가능성'을 확인한 것은 큰 성과라고 할 수 있다. 내인설 지지자인 위원장의 문제의식에서 출발했음에도 외력의 가능성을 확인한 것은 아이러니가 아닐 수 없다.

12 침수 모형시험: 뒤집힌 최초 침수 구역, 떠오르는 침몰 원인의 이면

침수 모형시험은 2018년 2월 MARIN에서 진행되었다. MARIN은 무게중심 및 침수 경로 시나리오를 변화시켜 가면서 수행한 수치 시뮬레이션과 침수 경로 및 침수량을 변화시켜 가면서 수행한 모형시험 결과를 분석한 보고서 「세월호 침수와 침몰 모형시험 및 컴퓨터 모의침수실험 3056-1-DWB」를 2018년 4월 말에 제출하였다. 이 장에서 언급하는 보고서는 모두 MARIN이 제출한 위의 보고서이다.

급선회 모형시험에서 사용한 모형과 별도로 침수 모형시험을 위한 모형을 추가로 만들었다. 급선회 재현을 위해서는 실제 선박처럼 프로펠러가 전기모터에 의해 회전함으로써 추진력이 발생하고 방향타(러더)도 전기장치로 회전하여 선회도 가능한, 스스로 항해가 가능하다는 뜻을 가진 자유항주 모형을 사용했다면, 침수 모형시험에서는 물이 이동하는 공간이나 머무는 공간(격실)과 연결관(통풍관, 배관 및 개구부 등)을 정확하게 축소하여 침수/침몰 과정을 재현하기 위한 모형을 사용하였다.

모형의 외판은 얇으면서도 충분한 강도를 확보할 수 있는 섬유강화플라스틱FRP으로 만들었다. 관찰이 필요한 격벽에는 투명한 아크릴판을 사용하고 연결관도 투명한 비닐 파이프를 사용하여, 곳곳

2018년 2월 23일 에더(Ede)에 있는 MARIN 회의실에 설치된 시험 진행 실시간 모니터

에 설치된 방수 카메라를 통해 물의 흐름을 관측할 수 있도록 제작하였다. 다만, 침수/침몰 과정에서 프로펠러나 방향타의 움직임이 없었거나 매우 제한적이고 침수/침몰 시 물의 유동에 미치는 영향은 공학적으로 무시할 수 있었기 때문에, 자유항주 모형과는 달리 추진과 조타를 위한 전기장치는 침수 모형에 설치하지 않았다.

모형시험의 한계를 극복하다

모형시험에서 사용하는 모형은 실물보다 작기 때문에 한계가 있을 수밖에 없다. 1/30로 축소한 본 침수 모형시험에서는 객실 내 구획의 간략화와 화물창 내 화물 모형 누락이 대표적인 한계다.

이러한 간략화에도 불구하고, 침수 유동 현상에 대한 세계 최고 수준의 모형시험 기술을 갖고 있는 MARIN에서 모형을 제작하면서 실제와 유사한 유동을 유발하도록 크기와 모양을 조정하고, 차량을 포함한 화물의 이동 모사를 위해 무게 추를 추가하는 등 선박의 침수/침몰 거동을 관찰하는 데 부족함이 없도록 조치하였다.

침수/침몰에서 가장 중요한 물의 흐름을 유발하는 인자인 외부의 힘(중력, 대기압, 표면장력 등)을 모형에 맞추어 축소하는 것은 기술적으로 매우 어려운 영역에 속한다. 다행히 전 세계에서 MARIN만이 늘 운영하고 있는 감압 수조를 본 침수 모형시험에서 사용할 수 있어서, 중력과 대기압의 재현은 정확하게 이루어졌다. 감압 수조에서는 수조 내 공기압을 거의 진공 수준까지 낮출 수 있어서 축소 모형에 작용하는 대기압을 실제 상황과 동일하게 재현할 수 있다.

다만, 축소된 작은 개구부 유동에서는 실제보다 훨씬 큰 표면장력이 작용하여 실제보다 적은 유동이 발생하는데, 축소 모형시험에서 구현하기 제일 어려운 이 표면장력 항목은 연결부 단순화 영향을 확인하는 것을 포함하여 개구부 크기를 바꾸어 가면서 영향을 확인하는 시행착오법을 통해 적절하게 반영하고자 하였다.

모형시험을 수행하는 시점에서는 침수 시험조건을 구체화하기에 필요한 조사 결과가 매우 부족하였다. 사고 당시 영상으로부터 도출한 횡경사, 종경사를 재현하기 위해서 수행하여야 할 경우의 수가 무한대에 가까울 정도로 많은 상황이었다. 그에 반해 실현 가능한 경우의 수, 비용, 시간 등이 제한되었기 때문에 다음과 같은 세 가지 단계를 적용하며 주어진 기회에서 해답을 찾을 가능성을 최대한 높였다.

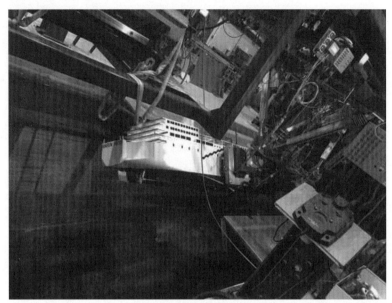

MARIN 침수 모형시험용 30분의 1 크기의 세월호 모형(2018년 2월 20일 촬영)

첫째, 상대적으로 저렴하고 빠른 방법인 수치 시뮬레이션 기법으로 사전에 주요 조건의 범위를 줄였다.

둘째, 그럼에도 불구하고 남은 인자는 헥사포드(hexapod, 여섯 개의 발로 3차원 운동을 자유자재로 구현할 수 있는 장치)로 모형을 구속하고 관찰된 운동(자세)을 적용하여 불균형 힘을 측정하였다. 그 불균형 힘이 0이 된다는 것은 자유롭게 침몰할 때 관찰된 운동을 재현할 수 있음을 의미하므로, 불균형 힘을 줄이기 위한 모형 수정 및 결과 확인의 과정을 수회 반복하여, 경우의 수를 최소화했다.

셋째, 마지막으로 대기압과 감압 상태에서 외력에 구속되지 않은 상태로 오직 침수에 의한 자세 변화와 침몰 과정을 계측하였다.

최초 침수 구역은 확인하다

침수 모형시험에서 적용한 최초 침수 구역은 차량 블랙박스에서 물이 분출하는 영상을 바탕으로 확인한 좌현 2층(C 데크) 중앙부에 있는 핀 안정기실 통풍구의 루버 벤트이다. 루버 벤트louver bent란 공기 또는 물이 들어오는 것을 막기 위해 보통은 슬라이딩 커버로 설치된 장치인데, 여기서는 핀 안정기실 통풍구로 물이 들어오는 것을 막기 위한 장치를 말한다.

오래 전에 검경 합수부 조사에서 추정했던 것처럼 선미부 차량 램프 도어와 좌측 도선사導船士 출입문 등에서 최초로 침수가 발생했을 가능성을 확인하기 위해 수치 시뮬레이션을 수행한 결과, 2층으로 유입된 물이 지하층(E 데크)과 기관실로 먼저 유입되지 않으면 외부에서 기록된 영상으로부터 도출한 횡경사 변화 과정을 재현하지 못했다. 선미부 차량 램프 도어와 1층(D 데크) 도선사 출입문으로 유입된 물은 상당 기간 동안 지하층으로 이동하지 못하고 선박의 복원성을 급격하게 나쁘게 만들기 때문에 이로 인한 횡경사 변화 추이가 실제와는 차이가 매우 커서, 그곳들은 최초 침수 구역에서 배제하는 것이 타당했다.

최초 침수 구역을 확인한 다음에는, 다양한 경우를 상정하여 수치 시뮬레이션과 침수 모형시험을 수행하여 대체적인 침수/침몰 과정을 확인하였다.

초기에 2층 통풍구로 유입된 물이 점점 이동해 지하층과 기관실 구역에 가득 차면, 1층으로 물이 역류하기 시작한다. 이 과정에서 횡경사가 증가하면서, 초기 침수 구역보다 상부에 위치한 개구부를 통해 더 많은 물이 유입되고, 1층의 물이 2층으로 역류하고, 배는 급격히 옆으로 넘어가고, 3층과 4층 외부 출입구가 물에 닿으면서 복원성은 완전히 상실되고, 구상선수가 수면 상부에 보이는 상태로 급격히 기울어지면서 침몰한다.

최초 침수량은 확인하지 못했다

배정된 시간 동안 수행한 여러 차례의 실험에서 루버 벤트 개구부 크기를 25% 열린 경우, 50% 열린 경우, 완전히 열린 경우 등 아무리 여러 가지로 조정해 보아도, 9시 15분에서 9시 30분경까지 외부에서 촬영되어 분석된 세월호의 횡경사 변화인 48도에서 52도까지의 매우 완만한 증가의 구간을 재현하지 못했다.

MARIN이 제출한 보고서의 시험 결과에 담긴 횡경사 그래프가 관측된 횡경사와 유사하게 보인다. 하지만 초반 소요 시간 30분(8시 45분부터 9시 15분)은 모형시험에서는 그보다 훨씬 긴 3시간 가까이로 계측되었고, 그래프가 그렇게 보이는 것은 모형시험 시작부터 2시간 30분가량 계측된 부분을 잘라내고 나머지 30분가량과 겹쳐 그렸기 때문이다.

이 부분에 대한 설명은 아쉽게도 보고서에는 없다. MARIN이 직접 제공한 시험 계측 시계열 부속 자료를 분석해야만 확인할 수 있다. 물론, 이러한 소요 시간 평행이동이 그저 모형시험 결과를 관측 결과와 맞추기 위해 인위적으로 조작한 것이라고 볼 수는 없다. 루버 벤트의 형상 설계 자료와 연결부 제원을 선조위에서 제공하지 않았고 또한 모형시험 수행 시점에 정밀조사가 제대로 이루어지지 않은 것과 같은 모형시험 특성상 정확히 확인할 수 없는 이유로 가정에 의존할 수밖에 없는 사정이 있어서 그랬을 수도 있고, 한정된 시간으로 인해 개구부 크기 조절 횟수에 한계가 있어서 추가 확인에 어려움이 있었다고도 할 수 있다. 그럼에도 불구하고 그 사실을 보고서에 적시하지 않은 것에는 많은 아쉬움이 남는다.

그렇다면 이 초기 침수 시간 차이가 의미하는 바는 무엇일까? 모형시험 결과와 비교하여 루버 벤트를 통해 들어온 물이 훨씬 많거나 다른 경로로 물이 추가로 들어왔어야 이 차이가 줄어들 것이다.

침수 시간에 영향을 주는 것은 외부 구멍의 크기, 격실과 외부 구멍을 연결하는 덕트/파이프의 크기, 외부 구멍의 형상 등이 있다. 물론 가장 영향을 많이 주는 것은 외부 구멍 크기이다. 침수 소요 시간이 세 시간이나 필요했다는 것은 침수하기에 충분한 물이 루버 벤트로는 들어오지 않았다는 것이다. 그렇다면 다른 쪽으로 물이 들어왔을 가능성이 높다고 할 수 있다. 물론 이때에도 물은 지하층이나 기관부 구역으로 유입되어야만 한다. 더 높은 구역으로 유입되었다면 급격한 횡경사를 유발하기 때문이다.

침수 초기 자세는 자유항주 시험과 다르다

침수 모형시험에서는 선체 무게중심의 길이 방향 위치longitudinal center of gravity (이하 'LCG')를 자유항주 시험 때보다 뒤쪽으로 이동해서 진행했다. LCG를 바꾸어 가면서 수행했던 수치 시뮬레이션 결과로부터 얻은 결론이었다. 앞서 초기 침수 구역 확정은 횡경사 변화를 추종하는 결과로부터 도출되었 것처럼, LCG는 종경사(트림) 변화를 추종하는 결과로부터 도출되었다. LCG를 자유항주 시험과 동일하게 적용했다면, 우리가 수도 없이 목격한 구상선수만 보이는 영상의 종경사는 재현하기가 불가능했을 것이다. 이러한 이유로

MARIN에서는 자유항주 시험에서 사용한 선체 자세를 사용하지 않고(이는 곧 설명할 GM과도 연관성이 많다), 수치적으로 구현이 불가능했던 LCG를 침수 모형시험에서 사용하였다. MARIN은 급선회 과정에서 유실되었던 선수 갑판의 화물이 무게중심을 후방으로 이동한다고 언급했으나, 이 효과는 LCG 후방 이동 효과의 30% 미만만 설명할 뿐 나머지 인자는 아직 찾지 못했다.

자유항주 시험에서 적용한 자세보다 무게중심이 좀 더 후방에 위치할 가능성과 앞서 추정한 바와 같이 지하층이나 기관부 구역에 급선회 직후 초기 침수가 이루어지면서 선미 쪽으로 물이 많이 고여 무게중심이 이동했을 가능성을 생각해 볼 수 있다.

선체 외판 파공 영향은 외국의 조사업체가 검토한 바 있다

1층에 매우 무거운 건조기 3기(52t 1기와 25t 2기)가 실려 있었다. 이 각각의 건조기들은 트레일러 차량 위에 충분한 힘으로 고정되지 않은 것으로 추정되어, 급격한 횡경사 진행 과정에서 트레일러 차체에서 이탈하여 좌현 내 벽면과 충돌했을 가능성이 높다.

외국의 조사업체는 충돌 과정에서 외판에 손상이 발생하여 침수가 그 손상부로 진행되었을 가능성에 대해 수치해석을 진행하였다. 수치해석 결과, 전복 소요 시간이 매우 짧고 횡경사/종경사 변화 추이가 관찰 결과와 매우 달라 그 가능성은 기각됐다.

이로부터, 선체 외판 파공이 1층에 발생하면 침수/침몰 과정을 재현하지 못한다는 점을 다시 확인할 수 있다. 따라서 파공이 발생했다면 1층보다는 아래쪽에 발생했어야, 관찰된 선체 자세를 그나마 재현할 수 있다고 할 수 있다.

화물 이동에 의한 초기 횡경사도 추가 검토가 필요하다

초기 횡경사는 화물칸 내 차량의 이동량과 관계가 매우 크다. 자유항주 시험에서 다양하게 변화시켜 가며 이 이동량을 확정하고자 했으나, 복원력 지수는 GM과 선체 자세 및 러더 회전각에 따라서 다양한 조합이 가능하다는 것만 확인한 바가 있다. "GM"이란 떠 있는 물체가 기울어진 상태에 있을 때의 중심을 말하는 메타센터의 높이metacentrict height의 약자이며, 배가 기울여졌을 때 다시 원상태로 돌아가려는 힘, 즉 복원력의 척도로 사용된다. GM 값이 클수록 복원력은 크다.

차량 블랙박스 영상으로 차량 하나하나를 관찰하고 계량화한다면 이동 우력moment과 그에 따른 초기 횡경사에 대한 화물의 영향을 찾을 수 있지 않을까? 인양한 세월호에서 차량을 반출할 때 각 차량의 자세와 위치를 기록했더라면, 침몰 및 인양의 과정에서 발생한 이동량을 간접적으로 알 수 있으므로 화물 이동량을 좀 더 정확하게 추정할 수 있지 않았을까? 전자는 미완이고, 후자는 이미 기회를 잃었다.

아직 물벼락의 원인을 확인하지 못했다

세월호에서 수거된 SEDF-218과 SEDF-226 블랙박스 영상에서는 급선회 과정에서 물벼락이 관찰되었다. 도대체 어디로부터 이 물이 유입되었는지 아직 알아내지 못했다. 블랙박스 영상에서 확인된 물벼락의 진행 방향으로 볼 때, 인접한 창문을 통해 물이 들어왔을 가능성은 매우 낮다. 또한 침수 모형시험에서 확인한 인접 창문이

깨졌을 경우의 침수/침몰 전개는 확인된 자세와 거리가 있어 배제된 바 있다. 다만, 외국의 조사업체도 주장하는 것과 같은 창문이 일부만 깨졌을 경우는 인양된 선체에서도, 블랙박스 영상에서도 확인된 바가 없다. 오히려 영상을 자세히 보면, 물벼락이 지나간 후에도 유리창은 깨지지 않고 유지된 것으로 보인다.

그렇다면 이 물벼락은 어디에서 왔을까? 가득 찬 통풍관에 가해진 압축력으로 인해, 초기 침수 과정에서 유입된 물이 분출된 것은 아닌지 추정해 볼 수 있다. 인양된 선체에서 분출 예상 위치 손상부는 확인된 바가 없지만, 침몰 및 인양의 과정에서 발생한 좌현의 전반적인 손상으로 인해 추가 확인은 불가능했다. 추가로 2층 바닥 벽면에 위치한 하수구 구멍을 통해 분출했을 가능성도 검토해 볼 수 있으나, 그 구멍의 크기가 작고, 그럴 경우 물벼락 이동 경로보다 낮은 위치에서 분출되어야 하기에 그 가능성도 높지 않다고 할 수 있다.

또다시 GM이 문제이다

복원성 논란 과정에서 확정하지 못한 평형수 탱크 등이 침수 모형시험에도 영향을 미쳤다. 선박의 무게중심을 유지하여 안전하게 운항할 수 있도록 탱크에 담아 선박에 실은 물을 "평형수"라 하는데, 모형시험에서는 평형수가 가득 찼다고 가정한 탱크의 모형을 유동이 불가능한 고체로 제작했기 때문이다.

추가로 침수 모형시험에서 확인한 LCG의 영향과 화물 이동량도 결국 GM을 확정하지 못했기에 넓은 범위에서 검토해 볼 수밖에 없었다. 범위가 넓었음에도 불구하고 자유항주 시험에서 검토했던 GM은 차후 상세한 조사에 따라 범위가 좁혀질 때도 이미 검토한 범위 내에 있기 때문에 결과를 유추하는 데 모자람이 없을 것으로 예상한다.

다만, 침수 모형시험에서 가득 찼다고 가정한 탱크의 유동이 가능했다면, 침수/침몰 과정에서 변화가 생길 수도 있다. 또한 GM 범위를 줄이면서 LCG와 화물 이동량의 범위를 줄이면, 침수/침몰 과정 역시 변화할 것이다. 이와 관련된 것은 수치 시뮬레이션을 통해서 비교적 정확하게 도출할 수 있을 것이다. 물론 최종 시나리오는 침수 모형시험을 통해 확인하는 과정을 반드시 거쳐서 정해야 한다.

13 직립 세월호에서 외부 충격 흔적을 확인하다

2018년 5월 10일은 세월호 참사 진상규명 운동에서 한 획을 긋는 날이다. 2014년 4월 15일 인천항을 출발할 때와 같은 모습으로 이날 세월호가 바로 세워졌다. 찢어지고 조각나서 상처 입은 선체였지만, 화물칸 바닥이 지상과 접하고 조타실이 가장 높은 곳에 위치하는 배다운 모습을 보여 주었다. 세월호 선체 직립은 그 자체로 세월호 침몰 원인을 규명하는 데 중요한 의미를 갖는다. 세월호 참사와 관련된 가장 중요한 증거물이 세월호 선체이기 때문이다. 그보다 더 중요한 것은 선체 직립 후 인양을 위해 설치되었던 좌현 리프팅 빔을 모두 제거한 다음에는 아무런 장애물이 없는 세월호 선체 외관과 인접한 선체 내부를 온전하게 조사할 수 있도록 길을 열어 놓았다는 것이다.

소위 내인설은 외국 조사업체의 결과를 인용했다.

외부 손상 조사 결과를 요약하면서 브룩스벨은 "세월호에서 외부 물체로 인한 어떠한 손상의 증거도 발견하지 못했습니다"라고 보고했다. 더 구체적으로 말하자면, "잠수함이나 이와 비슷한 외부물체 또는 외력 접촉과 일치되는 증거가 선체가 물에 잠기는 부분에는 전혀 없었다"는 것이다. 외부 물체가 부딪혔을 가능성이 제기되었던 좌현 핀 안정기에 대해서는 목포신항 근처 창고에서 조사한 후 "잠수함이나 외력이 접촉한 증거는 전혀 없었"다고 보고했다. (『세월호 선체조사위원회 종합보고서. 본권 Ⅰ. 침몰원인조사(내인설)』, 143쪽)

세월호 선체조사위원회에서 용역을 발주했던 외국의 조사업체가 제출한 보고서 『세월호. 외부손상Sewol. External Damage』에는 "2017년 12월 8일"이라는 날짜가 적혀 있다. 이때 그들은 결과를 요약하며 마지막에 이렇게 적었다. "정밀하게 조사하는 과정에서 당사는 외부 물체로 인한 어떠한 손상의 증거도 발견하지 못했습니다." 영어판 표현을 그대로 옮기면, "During our detailed survey we found no evidence of damage by an external object." 2017년 12월 8일 당시에는 세월호 선체조사위원회 내부에 외력 충돌에 관한 논의가 존재하지도 않았다.

그러면 그로부터 수개월이 지난 2018년 4월 26일 날짜의 이 조사업체의 『총괄 보고서Executive Report. Sewol』를 살펴보자. 그들은 "다음 그림 1 의 측정된 (노란색) 음영부분이 당사 조사과정에서 볼 수 없었던 접촉부분입니다"(『세월호 선체조사위원회 종합보고서. 부속서 Ⅳ』, 247쪽)라고 했다. 마치 솔직한 것처럼.

그러나 솔직한 것이 아니었다. 알고 보면, 해당 그림은 2017년 12월 8일 작성된 보고서에 있던 그림이다. 거기서는 "그림 002. 조사과정에서 관찰할 수 없었던 선체외판과 리프팅 빔들의 접촉부위(노란색 음영 표시)"라는 설명이 달려 있었다. 외국의 이 조사업체는 세월호 선체 외관에 대해 2017년 12월 8일 이후 더 살펴본 적이 없

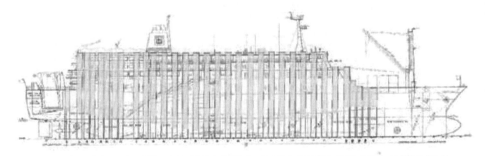

그림 1. 선체 좌현 아래에 위치한 리프팅 빔들의 위치. 리프팅 빔들과 선측외판의 접촉부위는 노란색으로 강조되었음.

외국의 조사업체가 2017년 12월의 보고서 『세월호. 외부손상』 보고서에 담은 후 새로운 조사를 거치지 않고 2018년 4월에 『총괄 보고서』에 다시 실은 그림 (『세월호 선체조사위원회 종합보고서. 부속서 IV』, 247쪽)

었던 것이다.

　사진으로 남길 수 있었으면서도 굳이 그림으로 표현한 것은 사실과 다른 왜곡을 의도한 것이라고 의심된다. 세월호 선체 직립은 2018년 5월 10일에 이루어졌는데, 그들의 그림은 선체 직립 이후의 모습을 그린 것이다. 그 이전까지 그림의 노란색 음영은 지면에서 1.5m 정도 높이로 공중에 떠 있으면서 지면을 마주 보고 있는 상태였다. 눈으로는 볼 수가 없었다.

　외국의 조사업체는 외관 손상 조사를 마치고 총괄보고서를 작성할 때까지 리프팅 빔으로 가려진 세월호 좌현 선체를 제대로 본적이 없다. 사실 그들은 목포신항에 처음 왔을 때부터 외부 충격 가능성을 고려하지 않았다. 그들이 세월호 선체조사위원회에 최종 보고서를 보낸 것은 계약 당시 제출 기한인 2018년 4월 30일을 훨씬 넘긴 2018년 6월 15일이었다. 만약에 그들이 바로 선 세월호의 모습을 보고서에 반영할 의사가 있었다면 보완할 시간은 충분했다. 그러나 그들은 그렇게 하지 않았다. 그럴 의사도, 의지도 없었던 것으로

선체 직립 하루 전인 2018년 5월 9일의 세월호

보인다. 그들은 보고서 작성일을 2018년 4월 16일로 표시했다.

이제 더는 외국 조사업체의 조사 결과를 운운하지 말자. 그들은 바로 선 세월호를 본 적이 없고, 좌현 리프팅 빔이 제거된 세월호를 본 적도 없다. 나아가 세월호 좌현 핀 안정기가 설치된 세월호 선체 내부를 지나치면서라도 본 적조차 없다. 그러니 그들의 조사 결과는 그들의 주장으로 남겨 두자. 누가 무슨 주장을 하던 그것이 뭔 문제이겠는가? 세월호 침몰 원인 규명에 걸림돌이 된다는 것을 뺀다면 말이다.

2018년 5월 10일, 무사히 세월호를 바로 세웠다. 그러나 직립 세월호 내부를 돌아다녀도 괜찮은지 여부에 관한 안전진단에 시간이 필요했다. 게다가 세월호 선체 좌현에는 여전히 리프팅 빔이 붙어 있어서 바로 선 세월호 선체를 온전하게 살펴볼 수 있는 상태가 아니었다. 2018년 6월 초에 리프팅 빔이 전부 제거되었다. 그 사이에

2018년 8월 1일 멀리서 본 세월호 좌현 전체 모습

세월호 외력검증 TFT는 MARIN 제3차 모형시험의 준비에 몰두했다. 2018년 6월 26일부터 7월 1일까지 MARIN이 있는 네덜란드 바헤닝언 출장이 결정되었다.

2018년 7월에는 한 달 내내 세월호 선체조사위원회 전원위원회가 개최되어 그동안 작성한 보고서들을 의결했다. 2018년 7월 2일 네덜란드에서 귀국한 다음, 7월 6일 제22차 전원위원회부터 7월 31일 제30차 전원위원회까지 무려 아홉 차례나 전원위원회가 열렸다. 아마도 국가기구 중 위원회가 한 달 동안 이렇게 많은 회의, 그것도 그동안의 조사 결과를 놓고 내용을 검토하여 의결하는 회의를 한 것은 전무후무한 일일 것이다. 전원위원회의 준비와 의결에 온 힘을 쏟아부으며 한 달을 보내고서도 세월호 선체조사위원회는 종합보고서를 의결하지 못했다.

2018년 8월 6일이 지나면 세월호 선체조사위원회는 역사 속으로 사라지게 된다. 그날은 대통령 보고서를 제출하고 대국민 보고를 위한 언론 간담회를 열어야 한다. 그럼에도 불구하고 아직도 마지막 전원위원회를 남겨 둔 상황이다. 시간을 계산해 보다가, 리프팅 빔이 제거된 직립 세월호를 둘러볼 기회는 영원히 오지 않을지도 모른다는 생각이 들었다. 결단이 필요했다. 세월호를 마지막으로 눈에 담아 두어야 한다. 2018년 8월 1일, 권영빈 제1소위원장, 이동권 위원, 심인환 보좌관은 목포로 갔다. 장범선 위원은 서울에서 종합보고서 초안을 준비했다.

목포신항에 바로 서 있는 세월호의 외관을 천천히 둘러보았다. 마지막으로 세월호의 모습을 눈에 담아 두기라도 하듯이. 리프팅 빔이 제거된 좌현 세월호, 리프팅 빔으로 가려져 있던 부분의 상처가 눈에 들어왔다. 그중에서 좌현 핀 안정기 위쪽 데크 스토어의 외부 선체에 있는 손상이 특이했다. 갑판에 있는 창고를 "데크 스토어deck store"라고 하는데, 데크 스토어 끝부분에 위아래로 길게 파단이 보였고 그 옆에 선체 바깥쪽에서 안쪽으로 눌린 형상이 뚜렷했다. 파단면보다는 눌린 형상에 주목했다. 리프팅 빔에 눌리거나 리프팅 빔의 작용으로 만들어질 수 있는 형상이 아니었기 때문이다. 좌현 핀 안정기 위의 데크 스토어는 빈 공간이라 데크 스토어 안쪽에서 물체가 이동해서 만들 수 있는 형상은 더더욱 아니었다.

운동선수가 경기 중 충돌로 인해 부상을 입는 경우를 우리는 보게 된다. 축구 선수가 격렬하게 상대방과 부딪히거나 태클로 넘어져 다쳐서 들것에 실려 나가는 모습을 보기도 한다. 당시에는 그 선수의 부상 정도를 알기 어렵지만, 정밀 검진을 해 보니 어떤 갈비뼈가 골절되었다고 언론에 보도되기도 한다. 눈에 보이는 피부 손상 정도는 그리 심하지 않은데도, 심지어 피부가 갈라져서 피부 안쪽이 보

2018년 8월 1일 촬영한 세월호 좌현 핀 안정기 위쪽 외부 선체의 손상

이는 정도에 이르지 않은 경우에도, 피부 안쪽의 갈비뼈가 부러질 수 있는 것이다.

　이제는 세월호 좌현 핀 안정기실 내부를 살펴볼 차례이다. 세월호 뒤쪽에 임시로 설치된 계단, 즉 워킹타워를 통해 화물칸 C 데크로 진입했다. C 데크 좌현 프레임 손상은 보이지 않았다. 세월호 우현 핀 안정기실과 그 위 데크 스토어도 둘러보았다. 우현 쪽에서는 선체 내부와 외부 모두에서 손상을 발견할 수 없었다. 우현 핀 안정기실 주변 프레임이 휘거나 비틀린 흔적이 없었고, 그 위 데크 스토어 바닥은 굴곡 없이 평평했다. 기관실을 거쳐 좌현 핀 안정기실로 들어갔다. 기관실에 설치된 기계장치들은 제자리를 지키고 있었다. 세월호가 좌현으로 기울어져 가라앉는 과정에서 기관실 내부의 기

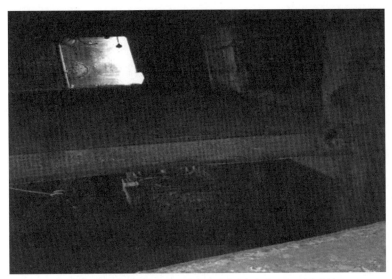

2018년 8월 1일 촬영한 세월호 좌현 핀 안정기실 위 데크 스토어의 손상

2018년 8월 1일 촬영한 세월호 좌현 핀 안정기실 내부 프레임의 손상

13. 직립 세월호에서 외부 충격 흔적을 확인하다 109

계장치들이 세월호 좌현 내부 선체 벽면으로 떨어지지 않았고 그로 인해 세월호 좌현 내부 선체 벽면에 손상이 생기지 않았다는 것을 확인한 것이다. 세월호가 해저 표면에 닿을 때 큰 충격을 받지 않았다는 것을 알 수 있었다.

아, 세월호 좌현 핀 안정기실 내부의 상처는 처참했다. 도저히 말로 설명하기 어려운 정도의 손상을 입은 모습이었다. 세월호 선체 내부의 어느 프레임에서도 발견하지 못했던 휨과 비틀림을 목도하였다. 핀 안정기실 위 데크 스토어의 바닥이 심하게 굴곡져 있었다. 눈으로도 확연하게 알 수 있었다. 세월호 좌현 핀 안정기를 연결해 주는 크럭스 박스crux box가 통째로 선미에서 선수 방향으로 한참이나 밀려 있었다. 세월호 좌현 핀 안정기실 주변의 내부 손상은 세월호 다른 곳에서는 발견할 수 없는 형상이었으며, 세월호 선체 내부에서 무엇인가 작용해서 생길 수 있는 손상은 절대로 아니었다.

세월호 좌현 핀 안정기실 내부와 외부의 손상들은 한마디로 외부 충격 흔적 그 자체였다. 다만, 누군가의 상상 속에서만 존재하는 직접적인 충돌로 인해 구멍이 뻥 뚫릴 정도의 모습이 아니었을 뿐이다.

14 자이로컴퍼스의 정상 작동 — 세차운동이 아니다

세월호의 자이로컴퍼스gyrocompass가 사고 당시 이상이 없었다면, 300여 차례의 MARIN 자유항주 모형시험으로도 이르지 못한 큰 ROT 값을 가진 급선회 항적을 부인할 수가 없다. 내인설을 주장하는 측은 이처럼 설명할 수 없는 과도한 급선회를 부정하기 위해 자이로컴퍼스 이상 현상, 즉 세차운동을 주장한다. 그래서 세차운동을 확인하기 위해 성능확인시험을 수행했지만, 오히려 자이로컴퍼스가 정상적으로 작동했다는 반증을 얻었을 뿐이다.

자이로컴퍼스는 배의 진행 방향을 알려 준다. 배가 다니는 바다에는 자동차가 다니는 육지의 도로처럼 차선이 표시되어 있지 않고 이정표도 없다. 배로 원하는 목적지에 가려면, 사전에 계획한 항로에 따라 배의 방향을 바꾸어야 한다. 이때 자이로컴퍼스가 가리키는 배의 진북 대비 각도인 선수각heading angle을 참조한다.

나침반이 발명되기 이전에는 하늘의 해나 별을 보면서 배의 방향을 맞추었다고 한다. 나침반은 자기장에 따라 작은 자석 바늘이 움직이면서 방향을 가리키는 장치로, 먼 거리를 항해하거나 규모가 큰 배가 장애물을 피해서 안전하게 항해할 때 필요한 정도의 정밀성을 확보하기가 어렵다. 이에 반해, 자이로컴퍼스는 팽이처럼 빠르게

2017년 4월 26일 좌로 누운 배의 조타실 최초 진입 시 촬영한 자이로컴퍼스(조타 스탠드 밑부분에 설치)

회전하는 물체의 축이 지구가 자전하는 힘에 의해 언제나 남북을 가리키도록 한 장비여서 자기장을 이용한 나침반보다 더 정확하다. 그래서 일정 규모 이상의 배에는 비행기에도 쓰이고 있는 자이로컴퍼스가 자기나침반과 함께 설치되어 있다.

인양된 자이로컴퍼스는 멀쩡했다

자이로컴퍼스는 항해에서 매우 중요한 기기의 하나이므로, 기기 자체가 외부 손상이나 충격에도 잘 작동하도록 이중, 삼중으로 보호되어 있으며, 정전 시에도 배터리로 전원이 공급될 수 있게 설치되어 있다. 사고 시에도 꽤 오랫동안 작동할 수 있는 기기라 할 수 있다.

세월호의 자이로컴퍼스 역시 급선회가 발생한 이후에도 선박자동식별시스템AIS에 선수각 신호를 상당 시간 동안 내보내었으며, 인양된 선체에서 내용물과 보호 커버가 손상되지 않은 채 원래 설치되었던 상태 그대로 조타 스탠드 안에서 발견되었다.

선박에 설치된 자이로컴퍼스는 모든 방향으로 자유롭게 운항하는 비행기에 설치된 자이로스코프와는 달리 횡경사가 발생하면 오차가 발생할 수 있다. 세월호에 설치된 자이로컴퍼스는 횡경사 45도까지 정상적으로 작동하도록 설계되었다.

사고 당시보다 가혹한 성능확인시험을 통과했다

2018년 3월, 일본에서 자이로컴퍼스 성능확인시험을 수행하였다. 세월호가 발신한 AIS 신호에 기록된 선수각과 횡경사를 재현하기 위해 경사대를 이용했다. 경사대에 고정된 자이로컴퍼스를 수평 방향으로 급격하게 회전하면서 선수각 추종 여부를 계측하였다. 또한, 피해자들에 의해 기록되었던 급경사 시 영상 자료와 화물칸에 실린 차량 내 블랙박스에 기록된 영상 자료 등을 분석해서 얻은 횡경사 추이를 재현하기 위해, 경사대를 옆으로 기울이면서 선수각 추종 여부도 계측하였다. 시험에 사용한 선수각 및 횡경사 변화 조건들은 AIS에 기록되었거나 영상에서 분석된 각도 변화와 같거나 훨씬 가혹한, 자이로컴퍼스의 설계 기준을 초과하는 조건이라고 할 수 있다.

세차운동은 공식 시험 중 관찰되지 않았다

검경 합수부 자문단 보고서에 따르면, 이상 방위 현상은 세차운동歲差運動이 원인일 수 있다고 한다. 세차운동이란 회전하는 물체의 회전축이 이리저리 흔들리는 것을 말한다. 팽이치기 놀이에서 팽이의 회전속도가 점점 감소하면서 팽이 꼭지가 중심을 잃고 불규칙하게 회전하는 장면을 떠올리면 된다. 자이로컴퍼스는 정상적으로 작동하는 조건에서 이러한 이상 회전 현상 없이 항상 지구 자전축을 추종하면서 진북 방향을 가리킬 수 있는 장치이다. 자이로컴퍼스에서 세차운동이 일어나는 것은 시동하고 안정화되기 전, 전원 공급이 중단되었다가 복구되는 과정 중, 작동 중 외력이 가해졌을 때뿐이다.

성능확인시험 결과, 수차례 반복한 가혹한 조건에서도 세차운동은 관찰되지 않았다. 가혹한 횡경사와 선회율을 적용했지만, 자이로컴퍼스가 가리키는 선수각은 큰 오차 없이(최대 경사각 발생 10초 후 최대 1.4도, 1분 후 최대 4.5도) 진북 방향을 가리켰다.

최대 선수각 변화가 발생하고 횡경사가 설계 기준 45도를 넘었던 구간(AIS에 급격한 방위 변화가 기록된 구간)에서는 배 전체에 정전이 발생한 바가 없었다. 자이로컴퍼스 본체에 외력이 가해질 가능성도 배제할 수 있었는데, 인양된 선체에서 자이로컴퍼스가 원래 설치된 위치인 조타 스탠드 안에서 아무런 손상 없이 발견되었기 때문이다.

부술 정도로 강한 충격도 세차운동을 유발하지 못했다

실험을 기획하고 참석한 조사관들은 사고 당시 선수각 추이를 재현하기 위해 최대한 가혹한 조건을 적용했다. 그런 가혹한 조건에서도 세차운동은 발생하지 않았다. 그리하여 제조사에서 공식적으로 수행하지 않아서 2018년 3월 28일에 제출된 용역보고서(『자이로 컴퍼스 성능실험 및 Autopilot 시뮬레이션 작업 보고서』)에 등재하지 못했던 방법을 쓰기에 이르렀다. 망가질 것이 뻔한 고가의 기구 값을 배상할 것을 각오하고, 진동방지 기구와 보호 케이스 안에 놓여 있는 핵심 구성 요소인 자이로구에 직접 충격을 가한 것이다. 자이로구는 고속으로 회전하는 팽이를 유체로 감싼 용기라 할 수 있으니, 이 실험의 의도는 팽이를 직접 접촉하여 세차운동을 유발하는 것으로 이해할 수 있다. 이러한 충격은 세월호 사고 당시에는 가해질 수 없었던 외력이라 할 수 있다. 그 결과, 불규칙한 세차운동이 아닌 헌팅hunting 현상이 발생했다. 진폭 약 5도에 약 0.9초 주기로 빠르게 흔들렸다. 그럼에도 불구하고 그 과정에서 발생한 선수각 오차(10초 후 오차 약 8도)가 AIS에 기록된 항적의 높은 급선회 현상을 모두 부정할 수는 없다.

추가로, 조사관들은 실제 일어났다고 확인하지도 못한 자이로 컴퍼스 전원 공급 차단도 시험조건에 넣었다. 혹시 전원이 끊어지는 전기적인 충격에 의해 이상 현상이 발생하지 않았을까 하는 의문 때문에 추가한 시험이었다. 하지만 인위적인 정전에서도 이상 현상은 발생하지 않았다.

내인설은 앵무새처럼 부정오차만을 주장했다

일본 현지 시험이 종료되고 업체에서 보고서 초안을 작성한 후 서울에서 질의응답 회의를 개최했다. 이상하게도 업체는 계측되고 기록된 수치를 "부정 오차"라고 하면서 분석은커녕 그 값 자체에 의미를 부여하지 않았다. 알 수 없는 원인으로 오차가 발생하였으니 신뢰할 수 없다는 앵무새 같은 반복적인 이야기만 들을 수 있었다.

GPS 신호도 세차운동을 부정한다

용역에 관여한 조사관들도 용역업체의 주장처럼 구체적인 분석 과정 없이, 자이로컴퍼스가 기록했던 선수각의 급격한 변화가 정상 작동이 아니라고 부정했고, AIS에 기록된 코스(Course of Ground, 이하 'COG')가 변하는 추이(변화율) 역시 선수각 추이(ROT)와 비슷하다는 점도 부정했다. COG는 자이로컴퍼스가 기록하는 신호가 아니고 별도로 설치되었던 GPS 장치에서 기록된 신호이다. 만약 자이로컴퍼스가 과도 횡경사에 의해 이상 각도를 기록하였다면, 과도 횡경사에서도 위성 신호에 따라 이상 없이 위치와 속도를 기록할 수 있는 GPS에서는 제대로 된 각도를 기록했을 것이다. 따라서 자이로컴퍼스의 선수각 추이와 GPS의 COG 추이는 다르게 기록되었어야만 한다. 하지만 그렇게 기록되지 않았다. 자이로컴퍼스와 GPS 장치가 동기화되어 이상 현상이 발생했을 가능성이 공학적으로 타당하지 않기에, 급선회 사고 당시 자이로컴퍼스 세차운동은 없었다고 결론을 내릴 수 있다.

15 세월호 외력검증 TFT 조사결과보고서를 의결하다

2018년 7월 31일, 세월호 선체조사위원회 제30차 전원위원회가 열렸다.

2018년 7월 말에 이르자, 세월호 선체조사위원회 활동이 법적으로 종결되는 2018년 8월 6일까지 전원위원회를 몇 번이나 더 할 수 있을지 예측하기가 쉽지 않았다. 2018년 7월 한 달 내내 세월호 선체조사위원회 전원위원회가 열렸지만 아직 종합보고서는 의결하지 못했다. 그런 중요한 길목에서 「세월호 외력검증 TFT 조사결과보고서」를 의결하기 위해서 전원위원회가 개최되었다.

이미 2018년 7월 27일 세월호 선체조사위원회 제29차 전원위원회에서 세월호 외력검증 TFT 조사 결과를 PPT로 정리해 발표한 바 있었다. 그때 이동권 팀장은 외력검증 TFT의 성과와 한계에 대한 종합의견을 아래처럼 제시했다(「세월호 선체조사위원회 제29차 전원위원회 회의록」 136~137쪽).

전체적으로 총평을 하자면 3개월의 제한된 조사기간과 예산 속에서 외력검증 작업이 의혹에 근거해서 조사를 시작한 것 아니냐는 세간의 의견이 있지만, 세월호 선조위 조사활동 과정에서 나타난 여러 증거들에서 외력의 가능성을 포착하여 조사하였다고 판단을 하고 있고요. 외력검증TF는 객관적적 [객관적 - 인용자] 증거를 수집하는 것에 집중하였고, 근거 없이 주장만 하는 것을 최대한 배제하고자 하였습니다. 또한 서해[설의 - 인용자] 영역에 머무르고 있던 외력을 선조위의 정식 조사 대상으로 구체화시켜서 조사영역을 확장시켜낸 성과가 있겠지만, 개별 조사 과제에 있어서 설명드렸듯이 의혹 해소를 위한 충분한 조사결과에는 미치지 못한 측면도 있습니다. 이상의 조사 결과를 종합했을 때 사고의 원인 중 하나로 외력의 가능성은 확인하였다고 할 수 있고요. 외력을 배제해야 될 이유는 특별하게 특정 짓지는 못하였습니다. 조사 방향에 있어서 외력의 물체를 찾기보다 세월호가 사고 순간에 보인 비정상적인 거동의 원인의 하나로서 외력을 대입했을 경우 그것이 재현 가능한 것인지, 가능하다면 그 힘의 크기와 방향은 무엇인지 밝히는 것이 목적이었기에 이상의 사실들에 기반해서 추가 조사가 필요하다는 열린 결론을 내리는 것이 현재까지의 상황인 것 같습니다.

세월호 외력검증 TFT의 보고서는 피해자가 신청한 사건이 아니라 위원장이 제안한 직권 사건에 대한 보고서라는 특성을 고려하여 권영빈 제1소위원장 명의로 제30차 전원위원회에 "세월호 좌현 핀 안정기에 대한 진상규명보고서"라는 이름으로 의결 안건으로 제출되었다. 이날 제출된 안건은 PPT 형식이 아니라 서술형 보고서였다. 전원위원회에 참석한 위원들의 논의를 거쳐 최종적으로 제목은 "세월호 외력검증 TFT 조사결과보고서"로 의결했고, 결론 중에서 "세월호 사고의 원인 중 하나로 '외력의 가능성'은 확인하였으며, 그것에 대한 배제의 근거는 찾지 못하였다"라는 구절을 "사고의 원인 중하나로 '외력의 가능성'은 배제할 수 없다"로 수정해서 의결되었다. 내용의 차이는 크지 않지만, TFT에서 활동했던 위원들 세 명이모두 동의할 수 있는 표현을 찾아서 수정했던 것이다.

평소에 세월호 선체조사위원회 전원위원회와 소위원회가 회의과정 전체를 일반에게 공개하고 의결했듯이 이날도 전원위원회는공개되었고, 세월호 유가족과 언론사 기자, 관심 있는 일반 국민도회의 전 과정을 참관하였다. 세월호 유가족뿐만 아니라 세월호 참사로 가슴이 아프고 세월호의 침몰 원인이 밝혀지기를 원하는 모든 국민에게 세월호 외력검증 TFT 조사 결과가 보고된 것이다.

「세월호 외력검증 TFT 조사결과보고서」는 그 자체로 독립적인가치가 있으므로 전체를 이 책의 부록으로 첨부한다.

16 서로 다른 두 종합보고서의 의결 ─ 절충과 타협의 산물

　세월호 선체조사위원회 활동 종료일을 사흘 앞둔 2018년 8월 3일 금요일, 세월호 선체조사위원회 서울사무소에서 세월호 선체조사위원회 제31차 전원위원회가 열렸다. 세월호 선체조사위원회 종합보고서를 의결하는 중요한 날이다. 위원장을 포함하여 위원 여섯 명이 참석했다. 오전 10시 45분에 회의를 시작해서 오후 4시가 넘어서 종합보고서를 의결했다. 종합보고서 의결 명칭으로 "A"안은 위원장 포함 셋이 찬성하고, "가"안은 권영빈 제1소위원장 포함 셋이 찬성했다. 전원위원회에서 각자의 종합보고서 의결 직전에 "A"안에 대해서 소제목으로 "내인설"을 정했지만, 정식 의결 대상은 "A"안이었다. 정식 의결 대상 "가"안은 따로 소제목을 정하지 않았다. 종합보고서를 의결할 때까지도 공식적으로 "내인설"과 "열린안"이라는 명칭을 얻은 것은 아니었다.

　"A"안, "가"안으로 활동 결과를 발표하는 건 아무래도 어색했다. 주말 동안 "가"안 찬성 위원 세 명은 적절한 이름을 찾느라 고민했다. 한 위원이 "열린설"을 제안했고, 논의를 거쳐서 최종적으로 "열린안"으로 정했다. 생각이 열려 있고 결론이 열려 있어서 서로 다른 견해가 공존하면서도 추가적인 조사가 필요하다는 의미를 담은 이름이었다.

2018년 8월 6일로 예정된 대통령 보고를 위한 요약문에는 위원장 등 3인의 이름이 나열된 위원들의 의견과 권영빈 제1소위원장 등 3인의 이름이 나열된 위원의 의견으로 표현했다. 보고용 리플렛 인쇄 전까지 각 안의 이름이 정리되지 않았기 때문이다. 다행스럽게도 2018년 8월 6일 대국민 보고를 위한 언론 보도 자료에는 "내인설"과 "열린안"을 표기할 수 있었다. 그렇게 해서 국민들은 열린안을 알게 되었다.

대부분의 위원회는 다수결로 안건을 의결한다. 위원회와 같은 합의체 기관이 의사를 결정하는 데 필요한 구성원의 수를 의결정족수라고 한다. 일반적으로 안건을 의결하는 데는 재적위원 과반수 출석에 출석위원 과반수의 찬성이 필요하며 가부 동수이면 부결되는데, 이를 일반 의결정족수라고 한다. 재적위원 2/3 이상 찬성을 필요로 하는 경우 등 특별 의결정족수라는 것이 있다. "제1기 세월호 특조위"라고 불리는 4·16세월호참사 특별조사위원회는 해당 법률에 따라 "재적위원 과반수의 찬성으로 의결"하는 특별 의결정족수를 취했다. 그래서 재적위원이 17명일 때나 16명일 때나 9명 이상이 찬성해야 안건을 의결할 수 있었다. 그와 다르게 세월호 선체조사위원회는 해당 법률이 "재적위원 과반수의 출석과 출석위원 과반수의 찬성으로 의결"하도록 규정했다. 따라서 재적위원이 8명이었으니 위원 5명 출석에 3명이 찬성하면 안건을 의결할 수 있었다. 2017년 4월 출범 당시부터 2018년 6월 말까지만 해도 세월호 선체조사위원회는 안건을 의결하는 데 의결정족수 문제로 특별히 어려움을 겪지는 않았다.

하지만 2018년 7월 6일 세월호 선체조사위원회 제22차 전원위

세월호 선체조사위원회 전원위원회 모습

원회부터 활동이 종료되기 직전인 2018년 8월 3일 제31차 전원위원회까지는 위원장 포함 6명의 위원이 출석했고, 대부분의 안건에 대해 위원장 포함 3인과 권영빈 제1소위원장 포함 3인의 의견이 갈렸고, 어느 한쪽의 의견도 출석위원 과반수인 4명의 찬성을 얻지 못했다. 조사 내용에 대한 평가에서 서로 생각을 달리했다. 예를 들면 외국의 조사업체 용역보고서에 대한 평가, MARIN의 모형시험 데이터 분석에 대한 평가, 세월호 사고 당시의 복원성 관련 GoM 값 계산, AIS 항적 중 과도한 ROT에 대한 분석 등 세월호 침몰 원인과 관련된 핵심 쟁점에 대한 생각이 달라도 너무 달랐다. 그것이 나중에 "내인설"과 "열린안"이라는 다른 결론으로 귀결되었던 것이다.

2018년 7월 31일의 전원위원회에서 종합보고서작성기획단 외부 집필진이 작성한 종합보고서(안)을 놓고 의결한다면 찬성과 반대가 3대 3이어서 부결될 것이 충분히 예상되었다. 내인설에 찬성하는 위원이 "집필진은 하나의 안을 가지고 왔는데"라고 발언할 정도로 외부집필진이 작성한 종합보고서(안)은 두 가지 입장이 아닌 하나의 입장을 담은 것으로 해석될 여지가 아주 많았다(「세월호 선체조사위원회 제30차 전원위원회 회의록」158쪽 참조). 열린안 입장에서 정리된 의견을 외부집필진에게 넘겨주지 않았기 때문에 그런 상황에 처하게 되었다는 외부집필진의 불만이 제기되기도 했다. 종합보고서작성기획단 외부집필진이라면 2018년 7월 한달 동안 진행된 세월호 선체조사위원회 전원위원회 회의 내용을 지속적으로 점검하였을 것이라고 기대했었는데, 종합보고서 작성이 임박한 시점에 그런 불만이 제기된다는 게 열린안을 기초한 위원들의 입장에서는 이해하기 어려운 일이었다.

종합보고서를 어떻게 의결할 것인지 세월호 선체조사위원회 전원위원회에서 여러 차례 논의했다. 그 결과, 2018년 7월 31일 세월호 선체조사위원회 제30차 전원위원회에서는 최종적으로 가칭 A안, B안으로 각자의 입장에 따른 두 가지 버전의 종합보고서를 작성하기로 합의했다. 그동안 조사결과보고서나 진상규명보고서 의결 과정에서 드러난 의견 차이를 하나의 종합보고서라는 틀에 담기는 어렵다고 본 것이다. 실제로 그날 전원위원회에서 외부집필진 가운데 한 명은 "지금 말씀하시는 A안, B안 같은 경우는 굉장히 근본적으로 재서술해야 하는 것이 필요하기 때문에 그것은 그 내용을 잘 아는 위원들께서 하시는 편이 가장 잘 반영할 수 있다고 생각"(위 회의록 158쪽)한다고 말하기도 했다. 그래서 그동안 종합보고서 작성기획단 외부집필진이 준비한 초안을 참고해서 각자의 입장대로 위원들이 종합보고서를 직접 작성하기로 했다. 기한은 3일 후 2018년 8월 3일 세월호 선체조사위원회 제31차 전원위원회까지로 정했다.

시간이 너무 촉박했다. 머릿속에는 그동안의 조사 내용이 들어 있지만, 그것을 일목요연하게 정리하기는 힘들었다. 그러나 아무리 힘들어도 해내야만 한다. 그 와중에도, 세월호 선체조사위원회 활동이 끝나기 전에 직립해서 모습을 고스란히 드러내며 목포신항에 있는 세월호를 제대로 보아야 한다. 인양을 위해 설치했던 리프팅 빔이 모두 제거된 직립 세월호의 모습 그대로를 눈에 담아 두어야 한다. 그러면 하루가 지나가 버린다. 종합보고서를 작성하는 것과 리프팅 빔이 제거된 바로 선 세월호를 온전하게 관찰하는 것, 어느 하나도 포기할 수 없었다. 장범선 위원은 서울에서 종합보고서를 작성하고, 권영빈 제1소위원장과 이동권 위원은 목포에 가서 세월호를 보기로 했다. 그리고 남은 시간에 위원 세 명이 함께 종합보고서를 작성했다.

우여곡절 끝에 2018년 8월 3일 금요일, 세월호 선체조사위원회 제31차 전원위원회가 열렸다. 마지막 전원위원회였다. 의결 안건은 "종합보고서(안)"과 "세월호 선체 보존·처리계획"이었다. 장범선 위원, 이동권 위원, 권영빈 제1소위원장은 '열린안'으로 불리게 될 종합보고서(안)을 제출했다. 그러나 열린안의 종합보고서가 되기에는 너무도 부족했다. 사흘 전에서야 세월호 선체조사위원회의 종합보고서를 두 개의 버전으로 만들기로 결정했으니, 부족하나마 골격이라도 들어간 종합보고서를 낼 수밖에 없었다. 종합보고서 작성기획단 외부집필진이 만들어 놓은 기존의 종합보고서 초안을 기초로하여 그와 다른 내용을 넣는 방식으로 서술하다 보니 들어가지 말아야 할 부분도 많이 담겼다. 대표적으로 열린안의 종합보고서에 들어가 있는 "솔레노이드 밸브 고착"은 열린안의 입장이 아니다. 열린안 종합보고서와 내인설 종합보고서를 보면, 두 입장 모두 그 부분은 종합보고서 작성기획단 외부집필진이 만든 초안을 그대로 옮겼음을 알 수 있다. 그런 부분이 한두 군데가 아니었다. 어쩔 수 없는 일이었다. 세월호 선체조사위원회의 두 가지 버전의 종합보고서는 위원들 사이의 절충과 타협의 산물이다. 그동안의 조사 결과마저도 올바르게 담아 내지 못한 매우 불완전한 것이다. 늦었지만 지금이라도 열린안과 내인설, 두 가지 버전의 종합보고서조차도 절충과 타협의 산물로서 매우 불완전한 결과물이라는 사실을 밝히는 것은 그 자체로 의미 있는 일이다.

17 NO 화물 미끄러짐, YES 화물 공중 부양

2014년 4월 16일 오전 8시 49분 42초 이후 세월호 화물칸 C 데크에서 최초의 화물 이동이 관찰되었다. 세월호 선체조사위원회 열린안 종합보고서는 다음과 같이 적고 있다.

복원된 블랙박스 영상 분석 결과, C갑판상에서는 8시 49분 42초에 이르기까지 실질적인 화물 이동은 관찰되지 않았다. 214번 블랙박스에서는 8시 49분 40초에 앞에 있는 트럭의 화물이 처음으로 이동하는 징후가 보인다. 트윈 갑판의 차량이 미끄러지기 시작하는 것은 8시 49분 46초다. 218번 블랙박스에서도 화물이 이동하는 모습을 직접 볼 수 있는 것은 8시 49분 42초부터다. 선수부에 있는 이동식 크레인이 전복되기 시작하고, 다른 화물들도 이동을 시작한다. 화물 이동 시 체인 고박 장치가 분리되면서 생기는 불꽃을 볼 수 있다. 218번 블랙박스는 이 무렵 좌현 환기구를 통해 물이 유입되는 모습도 보여준다. 물이 46.7도 각도로 기울어서 고이기 시작하는 것을 관찰할 수 있다. 226번 블랙박스는 49분 35초에 이동식 크레인 왼쪽의 화물이 좌현으로 기우는 징후가 나타난 후 49분 43초에는 이동식 크레인이 좌현으로 움직이고, 곧 대부분의 화물이 이동한다. 49분 51초에는 화물이 좌현으로 몰려 있는 모습을 볼 수 있다. 마지막으로 252번 블랙박스에서는 8시 49분 45초에 차량들이 좌현으로 미끄러지는 것을 볼 수 있다. (『세월호 선체조사위원회 종합보고서 본권 Ⅰ. 침몰원인조사(열린안)』, 115쪽)

세월호 선체조사위원회 열린안이 분석한 블랙박스는 세월호 화물칸 C 데크를 기록하고 있다. 블랙박스는 주관적 추측을 배제한 객관적 분석을 가능하게 한다. 세월호 선체조사위원회에서 복원한 블랙박스 동영상 중에 사고 당시(급선회, 급경사 시점) 세월호 화물칸 D 데크가 촬영된 것은 없다. 세월호 참사가 발생한 때로부터 2020년 연말까지 화물칸 D 데크의 상황을 알 수 있는 객관적인 자료는 발견되지 않았다. 누군가 화물칸 D 데크의 상황이나 D 데크 내부의 화물 이동에 대해 말한다면, 전적으로 추측에 의한 것이어서 화자의 주관적 희망이 포함되었을 수 있다. 결코 과학적 또는 객관적 분석의 결과물이 아니다. 그런 추측은 존중할 필요도 없고 믿어서도 안 된다.

세월호 내 화물칸의 화물 이동에 대한 조사는 세월호 침몰 원인을 밝히는 데 중요한 역할을 한다. 세월호를 인양하기 전에는 객관적인 사실에 근거해서 세월호 내 화물칸의 화물 이동 분석을 수행할 수 없었다. 화물 이동을 확인할 수 있는 방법이 없었기 때문이다. 그럼에도 불구하고 검찰, 중앙해양안전심판원 등 여러 국가기관은 마치 서로 약속한 것처럼 '화물 쏠림이 세월호 침몰 원인의 하나'라고 주장했다. 그들은 화물 이동을 직접 본 적이 없다. 직접 본다는 것은 절대로 있을 수 없는 일이다.

2014년 10월 6일 대검찰청은 세월호 수사 결과를 설명했다. "세월호는 선사측의 무리한 증톤 및 과적으로 인해 복원성이 현저히 악화된 상태에서 운항하던 중, 조타수의 조타미숙으로 인한 대각도 변침으로 배가 좌현으로 기울며 제대로 고박되지 않은 화물이 좌측으로 쏠려 복원성을 잃고 침몰하게 된 것으로 파악되었고", "이는 기소 이후 제출된 검.경합동수사본부 전문가 자문단의 의견과 선박해양플랜트 연구소 및 서울대 선박해양성능고도화 연구사업단에서 실시한 시뮬레이션 분석을 통해서도 수사결과와 동일한 과정에 의한 침몰로 파악"되었다고 떠들었다.

2014년 8월경 검찰에 제출된 검경 합동수사본부 전문가 자문단 명의의 「여객선 세월호 침몰 사고 원인분석 결과 보고서」 제126쪽은 화물이 침몰 원인 중 하나라는 것을 친절하게 도표로 설명하고 있다.

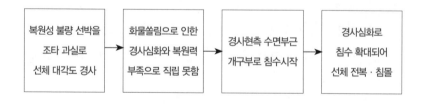

그리고 2014년 12월 29일 중앙해양안전심판원 특별조사부는 사고의 원인을 "복원성이 약화된 세월호가 ……화물을 과다하게 적재 …… 화물이 한쪽으로 쏠리면서 복원력을 상실하여 발생한 것으로 판단"(「여객선 세월호 전복사고 특별조사보고서」, 2쪽)한다고 했다.

오랜 시간이 흘러 드디어 블랙박스를 통해서 세월호 참사 당시 화물 이동에 관한 객관적 사실이 확인되었다.

"8시 49분 42초부터" "선수부에 있는 이동식 크레인이 전복되기 시작"했다(『세월호 선체조사위원회 종합보고서 본권 I 침몰원인조사. 열린안』, 115쪽). 실제로 (시간 동기화 결과인) 8시 49분 무렵의 블랙박스 동영상에서, 세월호 화물칸 C 데크의 화물이 미끄러지는 게 아니라 전복되는 모습을 직접 볼 수 있다. 2018년 4월 16일 KBS 뉴스 〈블랙박스에 찍힌 세월호 사고 순간 … 침몰 직전 무슨 일 있었나?〉에서 누구라도 사고 순간의 블랙박스 동영상을 확인할 수 있다.

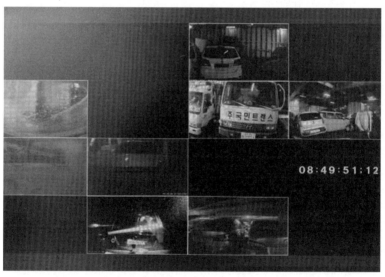

KBS 세월호 특별취재팀이 복원하여 정리한 동영상 중에서 오전 8시 49분 50초 이후 캡처 사진. 별지에서 47쪽의 오전 8시 49분 44초 캡처 사진과 비교하면 변화를 확인할 수 있다

그렇다면 2014년 4월 16일 오전 8시 49분 40초 이후에 세월호 선체의 기울기는 어느 정도였을까? 복원된 블랙박스는 8시 49분 43초경 세월호의 기울기가 30도를 넘어갔음을 보여 준다. 다시 세월호

선체조사위원회 열린안 종합보고서로 돌아가 보자. 120~121쪽이다.

복원된 블랙박스 영상에 대한 분석 결과에 기초해 세월호의 화물 이동 과정을 보면, 세월호는 2014년 4월 16일 8시 49분 2초~8시 49분 13초경 선체가 한 차례 좌현방향으로 기운 후 복원되었을 가능성이 높고, 8시 49분 22초경부터 좌현 횡경사가 본격화되었을 가능성이 높다. 따라서 이 시점까지 본격적인 화물 이동은 발생하지 않았을 것으로 추정한다.

서서히 기울던 세월호는 8시 49분 38초~39초경 좌현 약18도에 이르렀다. 그리고 "기~익"하는 소음이 발생한 후 초당 3.13도가량으로 급격히 기울어 8시 49분 49초경 최대 약 47도에 이른 것으로 추정된다.

8시 49분 43초경부터 C갑판에서 본격화된 화물 이동은 세월호가 약 30도가량 기운 이후다. 그리고 세월호가 최대로 기운 이후에도 다수의 차량이 본래의 위치에 고박된 채 그대로 남아 있었음이 블랙박스 영상에서 관찰되었다.

세월호 선체조사위원회 열린안은, 블랙박스 동영상 분석 후, 조심스럽게 '선 경사 후 화물 이동'이라는 결론을 내린다. "이러한 사실로 미루어볼 때, 세월호는 기존에 알려진 것처럼 화물 때문에 기운 것이 아니라 선체가 먼저 기울고, 그 결과 화물이 기울었다는 결론에 이른다."(121쪽)

'선 경사 후 화물 이동'은 당연한 결론이다. 세월호 화물칸 내 화물 이동의 모습이 이 결론을 입증한다. 블랙박스 동영상에 나타

난 화물 이동의 모습은 미끄러짐이 아니라 '공중 부양'이다. 실제로
2014년 4월 16일 오전 8시 49분 49초경 세월호 화물칸 C 데크에서
5t 트럭이 공중에 뜬 것이 확인되었다. 세월호 선체조사위원회 외력
검증 TFT는 해당 영상을 법영상분석연구소에 전달해, 해당 장면을
3차원으로 모델링하는 시뮬레이션 기법으로 차량의 부양 여부를 검

세월호 선체조사위원회 조사1과에서 진행한 철근 기울기 시험 1

세월호 선체조사위원회 조사1과에서 진행한 철근 기울기 시험 2

토하였다. 그 결과, 5t 트럭의 바퀴 여러 개가 순간적으로 완전히 바닥에서 떨어져 차체가 솟아올랐다는 사실이 입증되었다.

정반대로 '선 화물 이동 후 경사' 주장에 따르면, 다수의 화물이 미끄러지듯 움직인 다음에 세월호가 기울어지고, 이미 미끄러진 그 화물들이 세월호의 복원성을 가로막아 세월호가 복원되지 못하고 완전히 기울어졌단다. 아주 그럴싸한 설명처럼 보인다. 그러나 진실은 그렇지 않았다.

세월호 선체조사위원회로부터 용역을 받은 외국의 조사업체가 기울기 20도 정도에서 세월호에 실린 철근 이동이 시작되었다고 주장한 바 있다. 2018년 세월호 선체조사위원회 조사1과에서 철근 다발이 어떤 경사에서 움직이기 시작하는지 확인하기 위하여 시험을 직접 진행하였다. 그 결과, 철근 다발은 기울기 35도에 이르기까지 그 자리에 멈추어 있었고 기울기 36도 이상 되어서야 움직이기 시작했다.

세월호 선체조사위원회 외력검증 TFT는 5t 트럭의 공중 부양이 있었던 순간 그 주변의 다른 차량들의 움직임이 어떤 조건에서 재현 가능한지 확인하는 작업을 외부에 용역으로 발주한 바 있다. 다물체 동역학 해석 결과, 블랙박스 영상 속 차량 거동은 고박 조건을 다양하게 적용하는 것만으로 구현되지 않았고, 임의의 순간적 하중impact을 적용했을 때 가장 유사한 거동이 관찰되었다. 여기에서 "임의의 순간적 하중"이란 세월호 선체 내부에서 발생하지 않은 외력을 가정한 것이다.

18 복원성이 왜? 세월호가 어때서?

모두 "복원성" 탓이라 했다. 세월호 참사는 세월호가 복원성이 나쁜 배라서 생긴 일이라는 것이다.

2014년 12월 29일 중앙해양안전심판원 특별조사부는 「여객선 세월호 전복사고 특별조사 보고서」를 공표했다. 앞서 잠시 보았듯이, 이들은 사고의 원인을 이렇게 판단했다.

이 사고의 원인은 도입 후 선박 증축 등 개조에 따라 복원성이 약화된 세월호가 선박검사기관의 복원성 승인 조건 보다 선박평형수를 대폭 적게 실은 대신에 화물을 과다하게 적재하여 복원성 기준을 일부 만족하지 못하고, 적재된 화물을 적절하게 고박하지 않아 대각도 급변침시 복원력이 상실될 수 있는 상태로 출항하여 항해 중, 당직 조타수의 부적절한 조타에 의하여 선체의 급격한 우현 선회와 함께 발생한 과도한 좌현 선체 횡경사로 인하여 화물이 한쪽으로 쏠리면서 복원력을 상실하여 발생한 것으로 판단된다.(2쪽)

해양안전심판원은 "해양사고에 대한 조사 및 심판을 통하여 해양사고의 원인을 밝힘으로써 해양안전의 확보에 이바지함을 목적으로" 만들어진 「해양사고의 조사 및 심판에 관한 법률」에 근거해서 설치된 행정심판기관이다. 해상사고에 대한 조사에서는 우리나라에서 최고의 전문성을 자랑하는 기관이라 할 수 있다. 그런데 2014년 12월 29일이면 이미 검찰이 세월호 선장 및 선원을 기소해서 1심 재판까지 마친 상태라, 해양안전심판원의 조사 결과는 기존 수사와 판결이 맞다고 확인해 주는 의미밖에 없었다. 자신들끼리 북치고 장구 치고 하는 격이었다.

2014년 10월 6일 대검찰청은 세월호 침몰관련 수사결과를 발표하면서 "'전문가 자문단' 사고 원인 분석 결과"를 전했다.

- 세월호는 ▲ 복원성이 극히 불량한 상태에서, ▲ 조타미숙에 의한 대각도 횡경사 이후 ▲ 고박이 불량한 적재화물의 이동으로 약 30도까지 경사가 가중되면서 복원성이 더욱 악화되어 직립하지 못하였고,
- 이후 수면 부근 개구부(開口部)로 침수가 개시되어 횡경사가 계속 악화된 결과 결국 전복, 침몰
※ 전문가 자문단에서 기기 결함 가능성에 대해 검토하였으나 주기관을 비롯한 기관실 각종 기기(주발전기, 비상발전기, 배터리 등)에는 이상이 없었으며, 조타장치도 사고 전까지 정상 작동했던 것으로 판단하였음

그로부터 시간이 흐르고 흘러 무려 5년 가까이 지난 2018년 8월 6일. 세월호 선체조사위원회 결론 중 하나인 내인설은 세월호 선체조사위원회 활동을 보고하는 대국민 공개 기자회견 자리에서, 세월

호의 '나쁜' 복원성을 거론하며 아예 출항하지 말았어야 한다고 언급했다.

> 해양수산부 복원성 고시 기준 9개 중 6개를 준수하지 않은 세월호는 출항하지 말아야 했음에도 2014. 4. 15. 저녁9시경 단원고 학생 등 476명의 승객을 태우고 화물고박을 제대로 하지 않았을 뿐만 아니라 기관구역의 수밀문과 맨홀을 열어 둔 채 무리하게 제주도를 향해 출항하였다. ([보도자료] 「세월호 선체조사위원회 종합보고서 등 대국민 공개」, 2쪽)

내인설은 2018년 7월 25일 세월호 선체조사위원회 제28차 전원위원회에서 의결된 열린안의 「세월호 복원성 등에 관한 진상규명 보고서」에 대한 반대의견에서 "사고 당시의 복원성을 재계산한 결과 세월호는 해수나 기름을 실은 탱크에서 F.S.M가 발생하면 복원성이 극히 불량해지는 선박이었다고 판단"(『세월호 선체조사위원회 종합보고서. 부속서Ⅱ. 조사결과보고서 Ⅱ』, 301쪽)된다고 선언한 바 있다.

"F.S.M"이란 "free surface effect moment"의 약자다. "자유표면효과free surface effect"란 선박이 기울어질 때 배에 실린 액체가 한쪽으로 이동하면서 동요하여 선박의 무게중심이 상승하도록 만드는 것을 말한다. 이런 효과를 낳는 액체로는 배에 실린 연료유, 선박의 무게중심을 유지하기 위한 평형수, 선상 생활을 위해 필요한 '청수淸水' 등이 있다. 자유표면효과가 클수록 선박의 복원력은 낮아진다. 고체 구조물인 선박의 경하중량輕荷重量(소모성이 아닌 부품과 항목을 포함한 중량) 무게중심은 횡경사 시에도 고정되어 있지만 선내에 존재하는 유체는 횡경사 각도에 상당하는 만큼 움직여, 선박 전체의 무게중심의 위치를 옮기는 효과를 가져와 선박의 복원력을 떨어뜨린다.

그러나 정말로 처음부터 출항하면 안 될 정도로 세월호 복원성이 그렇게 나빴을까? 그렇다면 2014년 4월 15일 밤 9시 인천항을 출항하여 약 12시간 정도 지나서 병풍도 앞바다까지는 어떻게 운항할 수 있었을까? 이순신 장군이 명량해전에서 승리한 그 유명한 울돌목(명량해협) 다음으로 조류가 빠르고 거세다는 맹골수도를 어떻게 통과할 수 있었을까? 맹골수도를 통과한 것이 한두 번이 아니었으니 운이 좋았다고 할 수만은 없는 일이다.

내인설은 종합보고서에 "세월호가 항해 도중 복원성 상실에 대비하려면 GM이 1m 이상이어야 했다"라는 외국 조사업체의 주장을 그대로 인용했다(『세월호 선체조사위원회 종합보고서. 본권-Ⅰ. 침몰원인조사(내인설)』, 67쪽). 여기서 GM이란 실제로 자유표면효과를 반영한 GoM을 말할 것이다. 선박의 복원성에 대한 왜곡된 인식의 전형이라고 보인다. 이것은 차라리 코미디라고 해야 한다. 일본에서 세월호를 건조한 직후인 1994년 6월 9일에 작성한 핀 안정기 시운전 보고서에 기재된 세월호의 GM은 0.9m였다. 세월호는 만들어질 때부터 복원성이 나빴으니 우리나라에 들어오는 것이 아니라 이 세상에 태어나면 안 되는 배였던가? 그런 주장을 하고 싶은가?

세월호 복원성을 놓고 "GM이 1m 이상이어야 한다"라는 식으로 주장하는 것은 현실의 문제를 해결하는 데 도움을 주는 것이 아니라 오히려 문제 해결을 방해하는 탁상공론에 불과하다.

세월호 복원성이 세월호 참사의 원인과 연관되어 있는지 이해하려면 2014년 4월 16일 세월호 침몰 당시의 복원성이 어떠했는지

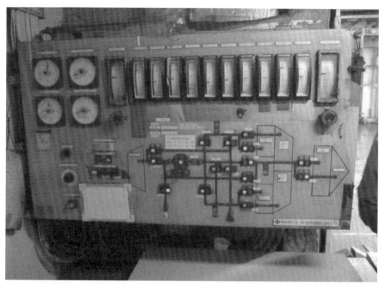

2014년 4월 15일 오후에 촬영된 세월호 평형수 · 청수 탱크 컨트롤 패널(『세월호 선체조사위원회 종합보고서. 조사결과보고서 II』. 192쪽)

를 파악해야 한다. 그리고 복원성을 계산하려면 먼저 세월호 복원성에 영향을 주는 여러 요인(경하중량, 무게중심, 화물의 양과 배치, 승선 인원, 평형수와 청수의 양, 연료유의 량 등)에 대한 조사, 검토, 분석이 있어야 한다.

세월호 외력검증 TFT는 사고 시점에 GM은 0.64m, 자유표면효과를 반영한 GoM은 0.51m이었던 것으로 최종적으로 추정했다 (「세월호 복원성 등에 관한 진상규명보고서」, 『세월호 선체조사위원회 종합보고서. 조사결과보고서 II』, 214쪽 [표 23]). 2018년 7월 25일 세월호 선체조사위원회 제28차 전원위원회에서 "의결"된 열린안의 결론이다. 2018년 6월 초에 세월호 외력검증 TFT는 6월 말에 네덜란드에서 있을 MARIN 제3차 모형시험을 위해서 MARIN에게 세월호 사고 당시 GoM으로 0.58을 제시했다. 그때까지 검토한 세월호

평형수 탱크 레벨 게이지를 확대한 모습(『세월호 선체조사위원회 종합보고서. 조사결과보고서 II 』, 192쪽)

사고 당시 GoM 0.58을 반영한 것이다. 그런데 한동안 세월호 외력 검증 TFT 내에는, GoM 0.58을 제시받은 MARIN의 누군가가 TFT 에게 '그 정도면 세월호가 넘어지지 않는다'고 말했다는 풍문(?)이 돌았다.

열린안의 최종 결론과 지금까지 알려진 세월호 사고 당시의 복원성 계산 결과를 표로 비교해 본다.

경하중량에 관하여 말하자면, 세월호 경사시험의 오류에 대해 감사원의 지적(2014년 10월 10일)이 있었고, 이를 일부 반영한 해양안전심판원(2014년 12월 29일)은 검경 합동수사본부 전문가 자문단 (2014년 8월 12일)에 비해 경하중량을 추가했고, 세월호 선체조사위원회 열린안은 감사원 지적 사항에도 불구하고 반영되지 못한 미탑재물의 중량(19.718t)까지 추가했다. 이로 인해 배수량에 영향을 미치는 경하중량, 화물량, 평형수의 양 등의 차이가 배수량 계산에도 반영되었다. "배수량排水量"이란 배가 물 위에 떠 있을 때 물에 잠기는 배의 아랫부분이 밀어 내는 물의 중량을 말하며, 이 물의 중량은

비교 항목	세월호 선체조사 위원회(열린안)	해양안전심판원 (자연 소실분 미반영)	해양안전심판원 (자연 소실분 반영)	검경 합동수사본부 전문가 자문단
경하중량(t)	6,213.000 + 19.718	6,213.000	6,213.000	6,176.000
배수량(t)	9,786.15	9,646.980	9,629.752	9,553.6
평균 흘수(m)	6.22	6.063	6.053	6.058
트림(m): 선미 트림	−0.26	−1.022	−1.054	−0.646
KG(m)	10.40	10.57	10.58	10.53
GM(m)	**0.64**	**0.73**	**0.73**	**0.67**
GoM(m)	**0.51**	**0.62**	**0.38**	**0.37**

그 배의 무게와 같은 것이어서 이것으로 배의 중량을 표시한다. "트림trim"이란 선수와 선미 위치에서 수면 밑 깊이 차이, 즉 흘수의 차이를 말한다. 후부 흘수가 전부 흘수보다 큰 것을 선미 트림, 그 반대를 선수 트림이라 부르고, 전부 흘수와 후부 흘수가 같은 것을 이븐 킬even keel이라 한다.

열린안의 계산 결과, 세월호의 GM 값은 지금까지 알려진 것과 큰 차이가 없는 반면에 GoM 값은 큰 차이를 보인다. GoM 값은 GM 값에서 자유표면효과를 뺀 값으로서, 자유표면효과가 커질수록 GoM 값은 작아지게 된다. 세월호에서 자유표면효과에 영향을 미칠 수 있는 요소는 주로 평형수, 청수, 연료유 등이다. 해양안전심판원의 GoM 계산 결과 중 평형수 자연 소실분을 반영하지 않았을 경우, 계산 결과는 세월호 외력검증 TFT가 조사한 GoM 결과보다 0.11m 높은 수치이다. 그러나 세월호는 2014년 2월 여수 소재 조선소에서 들어 올린 상태에서 수리하였으며, 그 이후 탱크에 평형수를 채우고 운항하였다. 사고 시점이 상가上架 수리 이후 약 2개월 정도 지난 시점이라는 점, 자연 소실이 발생하였을 것으로 추정한 2번, 4번, 5번 평형수 탱크는 대부분 이중저 탱크여서 탱크 구조 및 통풍관 끝단 높이를 고려해 봤을 때 단기간 동안에 자연 소실이 발생하기 어렵다는 점 등을 고려해 보면, 자유표면효과는 미미한 수준이었을 것으로 판단된다. 해양안전심판원이 적용한 자유표면효과는 현실을 제대로 반영하지 못한 오류라고 열린안은 판단했다.

그리고 세월호 외력검증 TFT가 계산한 복원성에 대해 세월호 선체조사위원회 전원위원회 의결 후인 2018년 7월 30일, 세월호 선체조사위원회 외부에서 세월호 사고 당시의 세월호 복원성을 계산한 결과가 두 가지 도착했다. 외부 자문위원의 계산 결과는 사고 당시 GoM 0.636m이고, 나파코리아의 계산 결과는 사고 당시 GoM 0.612m였다.

이에 반해 세월호 선체조사위원회 내인설은 2018년 7월 25일 세월호 선체조사위원회 제28차 전원위원회에서 자유표면효과를 강조하면서 세월호 사고 당시 GoM 0.178m를 제시했고, 「세월호 복원성 조사결과보고서 반대의견」초안에는 GoM 0.177m로 기재했다(『세월호 선체조사위원회 종합보고서. 부속서Ⅱ. 조사결과보고서 Ⅱ』, 298쪽 [표 4]). 이 정도면 배가 제자리에 중심을 잡고 서 있기도 힘들다고 보아야 한다. 그 후 내인설은 세월호 사고 당시 GoM을 0.306m(같은 책, 311쪽 [표 4])로 수정한 입장을 내놓았는데, 왜 그렇게 수정했는지, 앞서 주장했던 0.178m 또는 0.177m이라는 계산 결과가 왜 잘못되었는지에 관해 아무런 설명도 하지 않았다.

세월호 선체조사위원회가 MARIN에서 진행했던 제1, 2차 모형 시험에서 GoM 값은 0.60, 0.45, 0.34, 0.19, 0.06 등으로 다양하게 설정됐다. 세월호 선체조사위원회는 사고 당시에 급선회한 상황을 보여 주는 세월호 AIS 항적 자료에 근거해서, 모형시험 결과 중 횡경사와 선회율ROT에 주목했다. MARIN 제1, 2차 모형시험에서, 사고 시점과 유사한 횡경사를 보여 주는 시험 결과가 다수 있기는 했으나 횡경사에 이르는 시점 및 최대 ROT가 AIS 항적과 유사한 경우는 확인하지 못했다. 그렇게 가장 중요한 조건을 충족하면서 유사한 경우는 하나도 없었다. 특히 제2차 모형시험에서 GoM 값을 최저 0.06으로 설정했을 때, 세월호 모형은 스스로 서 있지도 못하고 혼자서 넘어져 모형시험을 수행하지 못하고 중단했다.

MARIN 제1, 2차 모형시험의 한계를 절감하고 세월호 외력검증 TFT는 2018년 6월 말 외력 가능성을 확인하기 위한 MARIN 제3차 모형시험을 결정하고 실제로 진행했다. 그러나 제10장에서 보았듯이 모형시험조건을 정확하게 설정하기에는 너무 많은 어려움에 부닥쳐서 아쉬움을 남긴 채 어정쩡하게 끝나고 말았다.

19 AIS, 무엇을 알아야 할까?

세월호 AIS 데이터는 온전히 그 내용을 분석하고 설명해야만 한다. 내인설 주장측은 내인으로는 이를 수 없었던 높은 ROT를 부정하기 위해 세차운동, 부정오차, 이상 신호 등을 도입하면서 그런 높은 ROT에 관해 설명하지 않고 외면하기만 했다. 그 주장마저도 앞장에서 보았듯이 공학적으로 신뢰성이 없지만, AIS 데이터 간 상호 교차 검증, COG 변화율 및 드리프트가 AIS의 정상 작동을 더욱 공고하게 뒷받침한다.

AIS는 사고 원인과 밀접하게 연관되었을 것으로 알려져 있다. 앞에서도 여러 차례 설명했듯이, AIS란 선박의 여러 정보를 무선통신으로 선박과 선박, 선박과 육상 사이에 자동으로 주고받는 장비를 말한다.

AIS는 배가 일방적으로 보내는 신호다

AIS의 가장 중요한 특징 중 하나는 배에 설치된 장치에서 배의 움직임 정보 등을 주변에 일방적으로 보내 해상교통관제센터Vessel Traffic Service(이하 'VTS')라는 기지국, 주변 배들, 심지어 인공위성도 정보를 수신하게 된다는 것이다. 받는 곳에서 신호를 확실하게 받고 싶어도 별도의 절차가 없어서, 받을 준비 여부의 확인 없이 일방적으로 보내기만 한다. 따라서 혼선을 최대한 피하는 과정을 거치긴 해도 혼선을 완벽하게 피할 수는 없다. 1분에 보낼 수 있는 최대 횟수(슬롯)도 4,500개(두 개의 주파수를 사용하며, 주파수당 2,250개)로 제한되어, 상황에 따라서는 꼭 받아야 할 곳이라고 여겨지는 VTS에서 신호를 다 받지 못하는 일이 생기는 것도 자연스럽다. AIS 장치를 설치한 주변의 배들의 수가 수용량보다 많은 경우, 단말기들이 동시에 같은 슬롯을 통해 신호를 보내는 경우도 발생한다. 이때에는 그중 하나의 신호만 받을 수 있는데, 주로 가까운 곳에서 발신하거나 출력이 더 센 신호의 수신 가능성이 높다.

AIS 신호는 영구적으로 보존되지 않는다

현재 운항하는 배들의 AIS 신호도 정해진 규칙에 따라 수 초 또는 수십 초 간격으로 송신한다. 요즘 회자되는 빅데이터에 비해서는 빈약할지 모르지만, 어마어마한 데이터가 쉴 새 없이 생산되고 기록되는 것이다. 우리가 익히 알고 있는 CCTV나 차량 내 블랙박스 저장장치처럼, 이렇게 기록된 정보는 일정 시간이 지나면 자연스럽게 덮어 쓰이거나 삭제된다.

다행히 세월호의 AIS는 VTS에 저장된 자료가 있으며, 주변 선박 한 척과 일부 인공위성에 저장된 데이터가 아직까지 삭제되지 않고 존재한다.

AIS는 LTE나 5G 시대에 걸맞지 않게 매우 한정된 데이터만 동시에 송수신할 수 있어서, 이러한 제한된 통신 환경에서 최대한 많은 정보를 송수신하기 위해 유효자릿수를 축소하고 압축하는 기법을 사용한다. 문자당 비트bit 수를 축소하는 것이다. 이런 과정에서 선수각 오차는 ±0.5도, COG(Course of Ground) 오차는 ±0.05도이다. 사실 큰 배의 움직임에서 선수각 0.5도 차이는 작을 수 있지만, 근접하거나 충돌이 예상될 때는 그 유효 자리로 문제가 생길 수도 있다.

세월호 AIS 조작 가능성은 매우 낮다

선조위 조사 결과(2018년 3월에 제출된 용역보고서 「세월호 AIS 항적 및 실험 항해데이터 분석」)에 따르면, AIS 조작의 가능성은 매우 낮다. 서로 다른 위치에 있는 여러 기지국과 주변 배의 VDR('voyage data recorder'의 약자이며, 비행기의 블랙박스와 비슷한 역할을 하는 장치)에서 수신한 자료들의 원문, 즉 AIS 전송 자료가 서로 일치하기 때문이다. 만약 조작이 이루어지려면, 모두 아홉 개인 이들 장치의 원본raw 데이터 파일이 서로 일치하도록 바꾸었어야 하는데, 일반 텍스트 파일을 여러 차례 변환하고 세월호 외 다른 배들에서 수신한 데이터까지 모두 일치하도록 바꾸었어야 한다. 각 장치의 시간은 위성 시간과의 동기화가 이루어지지 않아서, 같은 AIS 데이터(전송 자료는 물론이고 수신장치에서 기록하는 정보도 포함하여)라도 다른 장치에서는 저장될 때의 시간이 5분 이상 차이가 나는 경우도 있으므로, 조작하려면 서로 다른 시간을 환산하면서 각 장치의 AIS 데이터를 수정해야만 한다. 더 어려운 것은 GPS로부터 받은 위치 정보와 그 정보의 시간변화인 방향, 속력 정보를 시간 흐름에 따라 물리적인 연관 관계 내에서 생성하는 것이다. 이러한 선박의 움직임이 나타나도록 하는 바람과 조류에 따른 자연스러운(결과는 매우 매끄럽게 보인다!) 시뮬레이션이 현재 공학 기술로 가능해지긴 했지만, 그 결과는 실제와는 상당한 정도의 차이를 보인다. 일본에서 만들었던 세월호의 첫 시운전 항적을 보면, 국내외 기관이 수행했던 컴퓨터 시뮬레이션과는 눈에 띄는 차이를 확인할 수 있다.

세월호 AIS 신호 순서는 확정하지 못했다

AIS에 나타난 선수각의 변화는 지그재그 형태를 보여 주었다. 생성 시간(타임스탬프) 순서로 저장했을 때 그렇다. 수신 시간으로 정렬하면 지그재그 형태는 사라진다. 용역 수행 업체에서는 수신 시간으로 정렬할 것을 주장했고, 자이로컴퍼스 세차운동을 주장했던 조사관들은 지그재그 자체가 세차운동의 증거라면서 생성 시간 정렬을 주장했다. 그 결과, 앞서 말한 용역보고서에는 수신 시간으로 정렬되었고, 조사관의 조사보고서는 생성 시간으로 정렬되었다.

세월호 선체조사위원회 활동 기간이 끝날 때까지 확인했으나 미처 확인하지 못한 것이 있었다. AIS가 신호를 보낸 순서의 문제이다. 이는 지그재그가 있느냐 없느냐의 분석이며, AIS 송신 주기가 변할 때(여기서는 송신 주기가 짧아져서 더 많은 신호를 보낼 때) 신호 보내기 순서에 관한 문제이다.

세월호 AIS 단말기 제조사가 해답을 줄 수 있다

이 문제와 관련하여, 자이로컴퍼스로부터 받은 선수각 정보와

GPS로부터 받은 위경도 정보가 서로 다르게 조합되는 현상이 있었을 것으로 추정했다. AIS 표준 문건에 따르면, 송신 주기가 변할 경우 다른 배들이 배정했을 것이라고 여겨지지 않는 슬롯을 순차적으로 찾아가면서 송신해야만 한다. 그사이 원래 송신하기로 배정된 슬롯이 나왔을 때 어떤 신호를 보내는지는 분명하지 않다. 원래 배정된 신호를 보낼지, 아니면 주기가 짧아져 추가로 보내야 하는 이전에 생성된 신호를 보낼지 말이다.

AIS 제조사의 확인이 필요했지만, 선조위 활동 종료로 인해 미완의 과제로 남고 말았다. 이 부분이 확인된다면, AIS 지그재그 구간에 대한 논란은 사라질 것으로 생각된다.

AIS 데이터는 상호 교차 검증이 가능하다

AIS 데이터는 각각의 항목들이 상호 유기적으로 연결되어 있어서, 과학적으로 그 유효성을 검증할 수도 있다. 위경도 데이터, 속력(SOG, 즉 대지속력), 코스(COG) 등이 그 예이다. 직전 자료와 직후 자료 사이에 나타난 이동 거리를 시간으로 나누면 평균속력이 되고, 그 값은 각각의 순간속력과 큰 차이를 보일 수가 없다. 코스는 각 위치에서 접선의 방향을 나타내므로, 여러 개의 시간별 위치 자료를 연결하여 곡선을 만들면 그 접선의 유효성을 기하학적으로 확인할 수 있다.

바로 이러한 관계를 이용하여, AIS 데이터 누락 구간의 정보를 보완할 수 있었다. AIS는 선박에 장착된 좀 더 정밀한 시스템인 위성항법정보시스템dfferencial Global Positioning System(DGPS)으로부터 위경도 신호를 받지만 이 신호가 끊어질 것을 대비해 AIS 본체에 내장된 GPS

신호를 이용하기도 하는데, 안테나 위치가 다른 두 GPS로 기록된 서로 다른 기준점과 오차 반경을 가진 위치 신호 보정도 추가로 가능하게 되었다.

AIS 데이터 분석의 지연은 자유항주 모형시험 결과의 분석에 큰 혼란을 일으켰다

자유항주 모형시험에서 결과 검증에 사용할 AIS 데이터는 모형시험 수행 완료시점까지도 제대로 준비되지 못했다. 용역 수행 업체의 용역 결과는 모형시험 수행 전에 정리가 완료되었으나, 정렬 방법에 대한 상호 이견으로 인해 모형시험 검증용으로 두 가지 자료(수신 시간 기준 정렬과 송신 시간 기준 정렬)가 존재하여 제대로 이용하지 못했다.

그에 따라 모형시험과 비교할 대상이 불명확해지는 혼란을 초래했고, MARIN이 AIS 정보에 대한 자의적인 해석을 수행하기에 이르렀다. 그 결과, 선수각 변화율인 ROT에 대한 모형시험 결과와 코스(COG) 정보에 대한 모형시험 결과와의 비교는 이루어지지 못했다.

내인설은 AIS 신호에도 선별적 선택 방법을 적용했다

MARIN에서 AIS에 대한 자의적인 해석을 수행하기 전, MARIN의 자유항주 시험 담당자는 제한된 경우에 대해서 ROT를 비교하여 그래프를 그렸다. 한눈에 보아도, 모형시험 결과와 AIS 기록에 큰 차이가 있음을 확인할 수 있었다. 소위 항적이라고 하는 위경도 위치

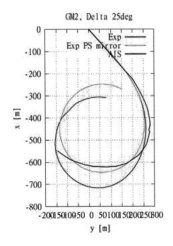

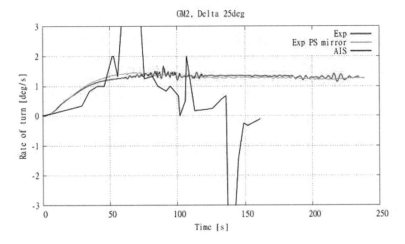

AIS 데이터와 비교한 2018년 2월 자유항주 시험 결과(보고서에는 누락)

만 표시한 그래프에서는 그 차이가 크게 두드러지지는 않으나, 선수 각이 시간에 따라 변하는 비율인 ROT는 약간의 항적 차이에도 크게 다른 경향을 보여 주었다.

안타깝게도 ROT 비교 그래프는 모형시험 보고서에 빠지게 되었다. MARIN의 침수 시험 담당자(AIS 전문가가 아니다!)가 선수각이 너무 급하게 변하니 시간 평균을 적용하여 ROT를 낮추어야 한다고 주장한 후에 그렇게 되었다. 심지어 그날 낮춘 ROT 값도 너무 커서 모형시험에서 재현된 바가 없다.

이는 종합운동장에서 400m 시합을 뛴 국가대표 선수의 자취와 같은 레인에서 일반인이 뛴 자취가 몇십 cm 이내로 같게 보일지라도, 구간별로 순간속력의 차이를 감안한다면 전혀 같은 궤적이라고 할 수 없는 이치와 같다. 시간변화율을 꼭 명심하고 꼼꼼히 비교해야만 하는 이유라 할 수 있다. 굳이 첨언한다면, 평면적 비교에서는 비슷해 보일지라도 (시간을 포함한) 입체적 비교에서는 그 차이가 확연하게 드러나기 때문이다.

세월호 참사를 설명하는 수식어 중에 "급선회"라는 말이 있다. 혹자는 "급변침"이라고도 한다. 급선회는 배가 (무슨 요인인지는 상관없이) 선회를 빠르게 했다는 가치중립적인 표현이고, 급변침은 선원이 의도적으로 조타를 통해 선회를 빠르게 했다는 의도성을 드러내고자 하는 표현이다. 이러한 급선회 현상을 하나로 표현하는 값이 앞서 여러 번 언급한 ROT이다.

'ROT가 과도하게 커서 물리적으로 불가능하다.' 이는 공학적인 분석 없이 경험에만 의존한, 속된 말로 '뇌피셜'이라 할 수 있다.

ROT와 COG 변화율도 같은 시간 크게 변했다

세월호 AIS는 ROT만 크다고 하지 않았다. 코스(COG) 변화율도 일반적으로 볼 수 없는 큰 값을 보여 주고 있다. 큰 값을 보여 주는 구간도 놀랄 만큼 일치하고 있다. 별 주목을 받고 있지 않았지만 말이다.

ROT와 코스 변화율은 "드리프트"라고 하는 각도만큼 차이가 난다. 드리프트란 스키를 탈 때 날과 진행 방향이 차이가 나는 미끄러짐과 비슷한 현상이다. 직선 주행 때와 등속 선회 운동 때는 ROT와 코스 변화율은 일치한다. 만약 배가 선회를 시작하면, ROT가 서서히 커지면서 코스 변화율도 약간의 차이(드리프트)를 두면서 같이 커지는 것이 물리적으로 타당하다.

세월호의 ROT와 코스 변화율이 같은 구간에서 급격히 변한다는 점은 AIS가 조작되지 않았다는 증거가 될 수도 있고(슈퍼컴퓨터로 시뮬레이션을 해도, 이런 우연한 이상 구간 일치를 만들어 내기는 쉽지 않을 것으로 보인다), 그와 동시에 자이로컴퍼스가 세차운동 없이 정상으로 작동했다는 증거(코스는 GPS 신호이고, 선수각은 자이로컴퍼스가 기록한 정보이다)가 될 수도 있다.

20 맺는 글

2018년 3월, '4·16세월호참사 진상규명 소위원회'가 포함된 '사회적 참사 특별조사위원회'가 출범했다. 사회적 참사 특별조사위원회가 세월호 선체조사위원회의 활동 결과를 바탕으로 세월호 침몰 원인에 관해 좀 더 진전된 조사 결과를 국민들 앞에 내놓기를 바랐다. 그로부터 3년 6개월도 더 지난 2021년 말에 회고해 보면, 그것은 바람으로 그친 듯하고 더 진전된 조사 결과는 보이지 않는다.

지금까지 세월호 침몰 원인에 관한 논란이 많았던 이유는 제3자에 의해 검증 가능한 공학적 분석으로 증거를 조사하지 못했기 때문이라 할 수 있다. 눈에 보이는 것과 과거 경험만으로 설명하려고 했던 방법에는 공학적 분석이 부족했다. 이와 달리 공학적 분석을 시도했던 방법도 제3자에 의해 검증 가능한 자료를 제시하지 못했다.

그렇다면 앞으로 무엇을 해야 할까?

세월호 선체조사위원회 조사를 통해 수집했던 증거와 많은 분석 결과를 배제하지 말고 설명해야 한다. 설명하기 어렵다고 외면하거나, 자신이 주장하는 결론에 부합하지 않는다는 이유로 배제하는 식의 선택적 증거 채택 방법을 써서는 안 된다.

비록 최종적인 침몰 원인을 밝혀내지는 못했지만, 세월호 선체조사위원회의 공식적인 서로 다른 두 가지 결론은 수많은 음모론과 의혹을 배제한 것이며, 내인설과 열린안 중 하나가 침몰 원인이라는 일종의 정치적 합의의 결과인 동시에 공학적 분석의 결과이기도 하다. 두 가지 안 모두 설명의 한계를 내포하기에, 보완을 통해 최종안을 도출하는 것이 필요하다.

내인설의 주장이 최종 침몰 원인으로 인정받으려면, 1) 복원성 계산의 공학적 오류를 수정해야 하고, 2) 자유항주 모형시험 결과로 "설명 가능함"이라고 주장하는 데 그치지 않고 구체적 수치와 함께 설명해야 하고, 3) 조타기기 이상(솔레노이드 밸브 고착)에 따른 전타 가능성도 공학적으로 입증해야 한다. 아마도 세 가지 중 어느 하나도 입증하기가 쉽지 않으리라 예상된다.

열린안의 결론이 최종 침몰 원인으로 인정받으려면, 1) AIS 특이 구간(ROT 수치가 매우 높은 구간)에 대한 추가 검증이 필요하고, 2) 핀 안정기의 과도한 회전 원인에 대한 공학적 설명과 입증이 필요하고, 3) 외판 손상/파단의 원인 검토가 필요하고, 4) 침수 과정에서의 파공이라는 시나리오의 검토가 필요할 것이다.

거기에 덧붙여, 향후 해결해야 할 몇 가지 내용을 제시해 본다.

복원성과 관련하여, 차량 블랙박스에 녹화된 세월호의 횡경사와 MARIN 모형시험의 다양한 조건에서의 횡경사를 비교하는 방법으로 그 추정 정확도를 높일 수 있을 것으로 예상한다.

논란이 많은 AIS 항적에 대해서는, 세월호 사고 당시 선회 과정에서 유실된 선수 갑판 화물의 낙하지점의 동역학 해석과 비교를 통해 많은 의혹이 해명될 수 있을 것으로 예상한다.

MARIN 모형시험에서 한계를 보여 준 외력 구현 방법에 대해서는, 일본에서 건조 당시 수행했던 세월호 핀 안정기 성능 시운전 결과와 MARIN 모형시험 윈치 위치에 따른 횡동요 결과를 비교함으로써 외력 작용 방향에 대한 정보를 도출할 수 있을 것으로 예상한다.

세월호에서 복원한 블랙박스에서는, 사고 당시 태양고도와 빛 각도의 비교를 통해 현상 사진과 동영상이 존재하지 않는 시간대의 침수 과정 횡경사와 종경사 추이에 대한 추가 정보를 얻을 수 있을 것이고, G센서 분석을 통해 차량에 가해진 가속도 확인이 가능할 것이고, 소리 분석을 통해 이상음 발생의 위치 및 원인을 찾는 것이 가능할 것으로 예상한다.

지금까지 참 많이 노력했지만 아직도 부족한 위 항목들에 대한 공학적 분석과 검토가 수행된다면, 그 성과를 기초로 좀 더 진전된 과학적 조사가 이루어진다면, 세월호 유가족과 국민들이 받아들일 수 있는 세월호 침몰 원인에 좀 더 가까이 다가갈 수 있을 것이다.

부록 1. 세월호 선체조사위원회 관련 일지

2014년	4월 15일	밤 9시 청해진해운 소속 제주행 세월호 인천항 출발(탑승자 476명)
2014년	4월 16일 오전	병풍도 앞바다에서 세월호 침몰, 2014년 11월 11일 현재 미수습자 9명 포함하여 승객 304명 사망
2014년	11월 7일	「4·16세월호참사 진상규명 및 안전사회 건설 등을 위한 특별법」 국회 본회의 통과
2014년	11월 11일	범정부사고대책본부, 세월호 수색 작업 종료 선언
2015년	1월 1일	「4·16세월호참사 진상규명 및 안전사회 건설 등을 위한 특별법」 시행
2015년	8월 4일	세월호참사 특별조사위원회 구성 완료, 활동 시작
2016년	6월 30일	세월호참사 특별조사위원회 활동 강제 종료
2016년	9월 30일	세월호참사 특별조사위원회 강제 해산
2017년	3월 2일	「세월호 선체조사위원회의 설치 및 운영에 관한 특별법」 국회 본회의 통과
2017년	3월 21일	「세월호 선체조사위원회의 설치 및 운영에 관한 특별법」 시행
2017년	3월 23일	침몰한 세월호 인양
2017년	3월 24일	4·16세월호참사 가족협의회, 세월호 선체조사위원회 위원 3인 선출
2017년	3월 28일	국회 본회의, 세월호 선체조사위원회 위원 5인 선출
2017년	3월 31일	인양된 세월호 목포신항 도착
2017년	4월 11일	세월호 선체조사위원회 위원 8명 임명, 세월호 선체조사위원회 제1차 전원위원회 개최하여 위원장, 부위원장 선출
2017년	4월 28일	세월호 선체조사위원회 제3차 전원위원회 개최하여 위원회 조사 범위 의결

2017년	5월 8일	「세월호 선체조사위원회의 설치 및 운영에 관한 특별법 시행령」 시행
2017년	5월 26일	세월호 선체조사위원회 '선체·유류품·유실물 조사 및 미수습자 수습 소위원회'(약칭 '제1소위원회') 제1차 회의와 '선체 처리 소위원회'(약칭 '제2소위원회') 제1차 회의 개최
2017년	7월 7일	세월호 선체조사위원회 제7차 전원위원회 개최하여 침몰 원인 조사 안건 최초 의결
2017년	7월 10일	세월호 선체조사위원회 별정직 공무원(조사관) 신규 임명
2017년	10월 27일	세월호 선체조사위원회 제11차 전원위원회 개최하여 세월호 선체 직립 추진 의결
2018년	1월 16일~28일	제1차 자유항주 모형시험을 위해 네덜란드의 MARIN으로 출장
2018년	2월 6일	세월호 선체 직립 기원 위령제 및 선체 직립 공사 착공식
2018년	2월 21일 ~3월 4일	제2차 침수 및 자유항주 모형시험을 위해 네덜란드의 MARIN으로 출장
2018년	4월 13일	세월호 선체조사위원회 제18차 전원위원회 개최하여 '세월호 외력검증 TF' 구성 의결
2018년	4월 19일	세월호 외력검증 TFT 제1차 회의
2018년	4월 27일	세월호 선체조사위원회 제19차 전원위원회 개최하여 KRISO 자유항주 모형시험 은폐 혐의 선체조사위원회 위원 고발 의결
2018년	5월 10일	세월호 선체 직립 성공
2018년	6월 26일 ~7월 2일	제3차 자유항주 모형시험을 위해 네덜란드의 MARIN으로 출장
2018년	7월 31일	세월호 선체조사위원회 제30차 전원위원회 개최하여 「세월호 외력 검증 TFT 조사결과보고서」 의결
2018년	8월 3일	세월호 선체조사위원회 제31차 전원위원회 개최하여 『세월호 선체조사위원회 종합보고서(열린안)』과 『세월호 선체조사위원회 종합보고서(내인설)』 의결
2018년	8월 6일	세월호 선체조사위원회 청와대 보고, 대국민 보고 기자회견

부록 2. 「세월호 외력 검증 TFT 조사결과보고서」

의안번호	제18-34호	의 결 사 항
의 결 연 월 일	2018. 7. 31. (제30차)	

조사결과보고서(안)
(세월호 외력 검증 TFT 조사결과보고서)

세월호 선체조사위원회

제 출 자	선체·유류품·유실물 조사 및 미수습자 수습 소위원회 위원장 권영빈
제출년월일	2018. 7. 31.

1. 의결주문

세월호 외력 검증 TFT 조사결과보고서(안)를 별지와 같이 의결한다.

2. 제안이유

2018.4.13. 전원위원회에서 조사개시가 의결된 직권사건의 결과를 종합보고서 작성에 반영하기 위하여, 해당 사건의 조사결과보고서(안)를 위원회 의결하고자 함.

3. 의결이 필요한 이유

위원회가 의결을 통하여 세월호 좌현 핀 안정기에 관해 조사함으로써 실제 세월호 침몰 원인을 규명하고자 한 조사결과보고서의 내용을 의결하는 것이 필요함.

4. 참고사항

관련법령 : 특별법 제5조, 제22조, 제25조 및 제42조

별첨 세월호 외력 검증 TFT 조사결과보고서(안)

I

조사 개요

1. 조사 개시

가. 직권사건 조사 제출 · 처리

1) 조사 개시안 제출일 : 2018년 4월 9일
2) 조사 개시안 제출자 : 세월호 선체조사위원회 위원장
3) 조사 개시 결정일 : 2018년 4월 13일

나. 조사 개시의 근거와 목적

1) 조사 개시의 근거
가) 세월호 선체조사위법 제5조 제1호, 제22조, 제25조 제1항

2) 조사의 목적
가) 핀 안정기의 물리적 손상 가능성 등 세월호 참사의 원인으로 선조위 내외에서 제기되는
    외력 의혹 해소
나) 참사 당시 항적과 이상 거동의 발현 가능성의 관점에서 검증 및 분석을 통해 참사 원인
    규명에 이바지

2. 진상 규명의 의혹과 쟁점

선조위의 직권 조사 과정에서 자이로컴퍼스 성능 실험에 관한 용역보고서, 세월호 핀 안정기
내외부 개방, 정도 검사 용역 보고서 및 세월호 블랙박스 특정 장면에 대한 용역보고서가
입수되었다. 그런데 이들 용역보고서 입수 후 선조위 내부에서 참사 당일 세월호 좌현 핀
안정기(Fin Stabilizer) 쪽에 수중물체의 작용으로 선미에서 선수 방향으로 충격 또는 추돌이
있었던 것이 아닌가 하는 의문이 제기되었다. 이에 아래 사항들에 대한 조사 필요성을 공감해

문제에 접근했다.

가. AIS 데이터상의 비정상적인 급우선회

자이로컴퍼스 성능 실험에 대한 용역보고서에 따르면 세월호의 자이로컴퍼스가 45도 이상 기울어진 상황에서도 정상 상태와 큰 차이 없이 작동하는 것으로 보고되었다. 세월호 참사 당시 AIS상 08시 49분경 ROT[1]가 비정상적으로 급우선회하는 것으로 나타나는 현상이 검경 합수부의 보고와 달리 자이로컴퍼스의 세차운동의 결과가 아닐 수 있다는 의혹

나. 핀 안정기의 과도한 회전

핀 안정기 내·외부 개방 및 정도 검사 용역보고서에는 세월호 좌현 핀 안정기가 최대로 작동할 수 있는 각도인 25도를 초과하여 약 51도까지 비틀려 있고, 핀 축 표면과 그 접촉 면인 내부 보스(boss)부 표면에 과도한 외력에 의하여 핀이 축으로부터 원주 방향으로 강제 회전되었을 때 나타날 수 있는 긁힌 자국(scratch)이 발견되었다고 보고되었으며, 이 역시 외력설의 근거가 될 수 있다는 의혹

다. 블랙박스 화물자동차의 이상 거동

블랙박스 특정 장면에 대한 용역보고서상 세월호에서 수거한 블랙박스에서 복원한 특정 영상의 초기 분석 결과 세월호 참사 당시 횡경사에 의하여 미끄러진 자동차에 1G(9.8m/s^2) 정도에 해당하는 가속도의 충격이 가해진 것으로 보고되었고, 이는 통상적인 선회 과정에서 발생하는 가속도(0.02G)의 50배에 상당하는 충격이 가해지지 않으면 발생할 수 없는 현상으로 역시 외력 작용의 의혹

이상과 같은 의혹과 쟁점에 대해, 선조위는 세월호 참사의 원인이 무엇인지를 밝혀야 할 임무를 부여받았으므로, 선조위 내에서조차 문제가 제기되고 있는 새로운 외력설에 대한 검토 없이 참사 원인에 대한 조사를 마무리할 수 없다고 생각해 주어진 기한 내에 가능한 범위까지 조사(관계 기관에 사실 조회, 물리 실험 등)에 착수하여 의혹을 해소할 필요가 있다고 판단했다.

---

1) ROT(Rate of Turn), 선회율, 선수방위각의 단위 시간당 변화율

3. 쟁점별 조사 시나리오

가. 핀 안정기 축 외력 검증

세월호 좌현 핀 안정기의 축 방향 회전을 유발했을 것으로 추정되는 하중 시나리오를 세워 이에 대한 공학적 검증 절차를 진행하기 위해 다음의 단위 조사 과제를 설정했다.

1) 핀 안정기의 기계적 특성과 작동 메커니즘을 파악하여 회전력에 대한 구조 검증의 기초 데이터를 제공
2) 해저 착저 시 핀 안정기에 걸리는 하중에 대해 Soil-Structure Interaction Analysis[2]에 의한 분석 실시
3) 핀 안정기에 대한 상세 정보를 바탕으로 유한 요소 해석을 위한 모델링을 실시하고, 축 방향 회전에 대한 구속 조건을 주어 회전 변형을 유발할 수 있는 하중을 평가하여 착저 시 작용 하중과 비교 검증

나. 블랙박스 차량 이상 거동 검증

블랙박스상 차량의 이상 거동에 대해 그것의 발현 조건을 규명하기 위해 다음의 단위 조사 과제를 설정했다.

1) 블랙박스 영상 분석을 통해 세월호 급선회 당시 시간대별 선체 횡경사를 추산하여 선체 거동 특징을 분석
2) 블랙박스 영상에서 나타나는 화물 자동차의 거동을 재현할 수 있는 조건에 대해 기존의 다물체 동력학 해석[3]을 확장하여 검증

다. High ROT/ROH[4] 검증

마린에서 실시한 1,2차 자유항주 모형 시험의 연장선에서 High ROT/ROH의 재현 가능성과 조건을 검증하고자 아래의 조건을 포함하여 3차 모형 시험을 진행했다.

1) 사전 검토된 복원성 조건에서 세월호가 참사 당시 AIS 데이터상으로 확인된 급우선회와 과도한 횡경사를 유발할 수 있는 운항 조건에 대해 자유항주 모형 시험을 통해 검증
2) 마린의 CFD 분석으로 확인된 외력의 작용 조건을 모형 시험에 대입하여 선회 각속도와

---

2) Soil-Structure Interaction Analysis, 해저지반-구조물 연성 해석. 해저지반에 설치되는 임시 구조물의 안정성 평가 기법으로, 자체 중량과 해저 지반과의 상호작용을 통하여 얻어지는 지지력, 저항력을 평가하는 해석. 일반적으로 넓게 분포하는 해저 점토층의 경우 기초 구조물과의 상호작용에서 매우 큰 변형과 물리적 성질 변화를 수반하며, 이러한 복잡한 물리계의 검토는 다양한 설계 기준을 기본으로 신뢰도가 검증된 수치 해석에 의한 검토가 병행되어야 함
3) 다물체 동역학(Multi-body Dynamics), 하나 이상의 물체가 상호 유기적인 관계를 유지하면서 운동하는 경우, 구성 물체의 상대적인 움직임과 작용력을 연구하는 분야. 대표적인 해석 툴로 DAFUL, ADAMS, MIDAS 등이 있다.
4) ROH(Rate of heel), 횡경사율. 선체의 횡경사에 대한 단위 시간당 변화 각도

횡경사율에 주는 영향을 분석

라. 기타 외력 관련 의혹 및 조사

외력 작용의 흔적으로 제기될 수 있는 선체의 변형이나 또는 그것을 유발할 수 있는 외부 물체의 존재 가능성을 확인하기 위해 관련 의혹 및 확인 조사를 기획했다.

1) 선체 직립 후 처음 공개된 좌현 리프팅빔 하부를 포함하여 전체적인 외판부의 변형 상태를 수치 데이터로 확보하기 위해 3D 스캐닝 진행
2) 미상의 수중체가 참사 당시 침몰 해역에 존재했었다는 의혹을 확인하기 위해 군 관련 기록 및 자료를 조사

4. 조사 방법

가. 자료 및 기록 조사

1) 핀 안정기 기술 자료(도면 및 사양서) 조사
2) 군 관련 자료 요청 및 입수 자료 분석 조사

나. 방문 조사

1) 핀 안정기 제조사(롤스로이스) : 스코틀랜드 덤펌린
2) 해군 본부 : 계룡대

다. 용역 조사

1) 선체 해저 착저 시 핀 안정기 작용 하중평가(포어○○)
2) 핀 안정기 변형 연결부 구조해석(인○○ 산학팀)
3) 블랙박스 영상 검증 다물체 동력학 해석(태○○○○○)
4) 직립 후 외판 변형 3차원 스캐닝(포○○)

라. 실증 조사

1) 선체 C갑판 쇠사슬 시간대별 기울기 분석 및 재현
2) 외력 검증 자유항주 모형 시험

II
조사 결과

1. 외력 검증 TFT의 구성

선조위에서는 세월호 참사 당일 좌현 핀 안정기가 외부 물체에 의하여 충돌했는지 여부를 확인하기 위하여 선조위 내에 TFT(Task Force Team) 구성의 필요성을 인정했다. 이는 기존 직권 조사가 진행 중인 상황에서 조사 속도에 차이가 있고, 제한된 시간과 인원으로 효과적인 조사를 진행하기 위한 방법으로 제안되었으며, 기존 직권 조사 중 외력 의혹과 관련이 있는 부분을 집중적으로 다루고자 함이었다.

구성된 TFT에서는 외력설에 관한 관련 자료의 수집 및 조사를 실시하고, 관계기관(해군)에 세월호 참사 당일 세월호의 항적과 교행하거나 인접하여 항행한 수중선박이 있는지 여부에 대하여 확인을 요청하기로 했다.

필요한 경우 예산을 확보하여 물리 실험 등을 통해 과학적으로 외력설의 타당성에 대한 검증 작업을 진행하되 조사 과정에서 쟁점의 범위에 제한을 두지 않고 확장하여 조사 진행할 수 있음을 확인했다.[5]

세월호 외력 검증 TFT에서는 내부 회의를 통해 조사 시나리오별 목표와 계획을 수립하여 조사를 진행했으며 총 12차례의 내부 회의에서 그 결과를 토론·공유하고 선조위에 보고했으 며 해당 내용을 회의 자료와 회의록으로 남겼다.

---

5) 18차 전원위원회 회의록, 9쪽

2. 단위 과제별 조사 결과

가. 핀 안정기 심층 분석

1) 조사 목표
좌현 핀 안정기의 핀과 샤프트(보스 부위)의 회전 발생 원인 검증을 위한 기초 데이터 확보

2) 조사 개요

가) 핀 회전 발생 가능한 시나리오 분석
(1) 착저 시 회전 발생
(2) 외부 물체와 충돌 시 회전 발생

나) 핀 안정기 제조사(롤스로이스)에 기술 지원 요청
(1) 핀 안정기 시스템의 기계적 작동원리 이해
(2) 핀 안정기 시스템 관련 도면 및 보스 부위 토크범위 요청 및 접수
 (핀&샤프트 조립도, 핀&크러스 내부 조립도, 핀 조립도 등 도면 입수)

다) 착저 시 작용 하중평가 및 구조해석 용역수행 자료제공

3) 핀 안정기 내외부 개방 및 정도 검사 용역(보스) 결과 분석

가) 좌현 핀 안정기의 실제 회전각도는 중심선을 기준으로 50.9도로 회전해 있는 것으로 측정
나) 핀 안정기 축에 접촉면인 내부 보스(boss)와 핀 안정기 축 표면 육안 검사 결과 양쪽
 접촉면에서 원주 방향으로 긁힌 자국(scratch)이 발견되었음.([그림 1] 참조)
다) 이는 과도한 외력에 의해 핀 안정기가 핀 안정기 축으로부터 원주 방향으로 회전했을
 때 나타날 수 있는 현상임

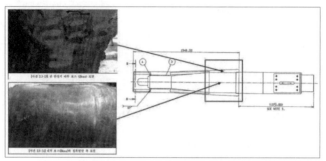

[그림 1] 핀 샤프트와 보스 접촉부 표면의 스크래치 형상

4) 용역 결과 분석을 바탕으로 핀 축 회전 시나리오 정립

가) 해저에 착저 시 발생할 수 있는 핀 안정기 회전

세월호 침몰 지역 지반 조사 및 지형정보를 활용한 지반 관입 가능 깊이 및 핀이 받을 수 있는 하중을 분석하여 최종적으로 좌현 핀 안정기의 착저 시 회전 가능성 여부 판단.([그림 2], [그림 3] 참조)

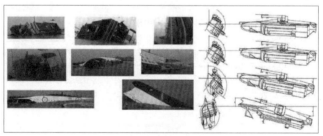

[그림 2] 시간대별 세월호 침몰 순서와 착저 시퀀스

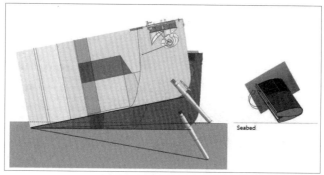

[그림 3] 해저 착저 시 핀 nose-up 회전 시나리오

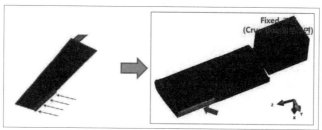

[그림 4] 해저 착저 시 핀 nose-up 회전 시나리오

나) 외부 물체와 추돌 시 발생할 수 있는 핀 안정기 회전

좌현 핀 안정기의 3차원 계측 자료와 도면 자료 비교를 통하여 구조해석을 실시하고 제조사에서 받은 자료를 활용하여 외부 추돌 발생 시 회전 가능성 여부 판단.([그림 4] 참조)

5) 핀 안정기 제조사(롤스로이스) 기술지원 결과6)

가) VM-100 Maximum Fin Lift = 344kN(Ref 10902115, Issue F)

나) VM-100 Maximum Fin Drag = 100kN(Ref 10902115, Issue F)

다) VM-100 Maximum operational tilting torque = 60kNm

   (Ref VM-100 Design Book Power Calculation)

라) Fin feedback & limit switch assembly Ref B-000150

---

6) 롤스로이스에서 입수한 핀 안정기 관련 도면은 유첨 자료 참고

마) Housing cylinder assembly Ref B-000241

바) Crux assembly Ref B-000236

사) Crux box and Fin box assembly Ref B-000015(Port) and B-000016(Stbd)

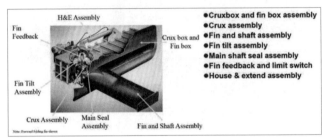

[그림 5] 롤스로이스 핀 안정기 Major Mechanical Items

6) 소결

가) 조사의 성과

(1) 착저 시 핀 안정기 작용 하중평가 및 구조해석 용역을 위한 자료 확보

(2) 핀 안정기의 기계적 작동원리에 대한 자료 확보

나) 조사의 한계

(1) 제조사의 기술 보안 규정상 제한된 자료만 입수 가능

(2) 작용 하중평가 용역을 위한 해저 상태의 객관적 데이터 부족

(3) 구조해석 용역을 위한 도면해석 및 현장 정밀 조사 미흡

나. 해저 착저 시 하중평가 Soil-Structure 연성해석

1) 조사 목표

가) 세월호 침몰 후 해저면 관입 깊이, 수평 이동한 정보를 바탕으로 침몰 지점 지반 물성을 추정

나) 세월호 좌현 중앙부에 설치되어 있는 핀 안정기에 작용하는 하중 도출

2) 조사 경과

가) 좌현 핀 안정기 작용 하중 해석 평가 용역(2018.5.18.~6.30.)

나) 포어○○ 1차 진도 보고(2018.6.20.)

다) 포어○○ 하중 평가 최종 결과 보고(2018.7.4.)

라) 용역 결과 추가 협의(2018.7.18)

3) 조사 내용 및 범위

가) 세월호 선체 침몰 지점 지반 조사 결과 및 관입, 이동 조건 분석

(1) 상하이샐비지(Ocean C&I; 2015) 수행 지반 조사 보고서에 따른 지반 지층및 물리 특성 도출

(2) 한국해양과학기술원(2015, 2017) 수행 현장 조사 보고서에 따른 지반 물리 특성 도출

(3) 세월호 해저면 관입 깊이 및 Soil Berm 높이 평가

(4) 세월호 해저면 수평 이동 조건 분석

나) 세월호 침몰 지점 지반 물성 추정을 위한 전선 지반 침강 해석

(1) 세월호 전선 및 지반 모델링

(2) 지반 물성 역추정을 위한 반복 해석

(3) 요소 특성 및 침강 속도에 따른 오차 최소화를 위한 반복 해석

(4) 심도별 비배수 전단강도의 추정

다) 세월호 좌현 핀 안정기 회전 관입 시 지반 저항 평가

(1) 세월호 좌현 핀 안정기 회전 관입 시나리오 도출

(2) 요소 특성 및 침강 속도에 따른 오차 최소화를 위한 반복 해석

(3) 핀 안정기에 발생하는 축 방향 모멘트 및 3축 방향 지반 저항

라) 세월호 좌현 핀 안정기 수평 이동 시 지반 저항 평가

(1) 세월호 좌현 핀 안정기 수평 이동 시나리오 도출

(2) 요소 특성 및 침강 속도에 따른 오차 최소화를 위한 반복 해석

(3) 핀 안정기에 발생하는 축 방향 모멘트 및 3축 방향 지반 저항

4) 조사 프로시저 및 가정

가) 본 조사는 전문 연구 용역사인 포어○○에 의뢰했으며 세부적인 내용은 '핀 안정기 작용 하중 해석 용역 최종보고서'로 가름한다. [그림 6]에 본 연성해석 수행 절차를 도시했다.

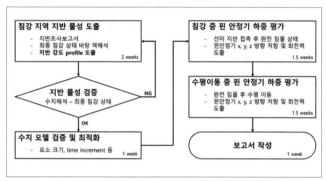

[그림 6] 세월호 좌현 핀 안정기 지반 저항 도출 검토 절차

나) 해석을 위한 수치 검토의 제한 및 가정

(1) **표층토 물성**: 현재 조사된 정보는 세월호 침몰 후 조사된 것으로, 세월호 수중 단위 중량 및 침몰 조건 등을 고려할 때 상당 부분 교란된 상태의 지반 조사 결과로 판단됨. 따라서 역해석을 통하여 표층토의 강도 특성을 도출하며, 분포는 하부층의 지반 강도 패턴과 동일 한 것으로 가정, 스케일을 조정하여 사용함

(2) **표토 하부지반 물성**: 표토로부터 약 2m 하부에 형성된 지반은 교란되지 않은 것으로 판단되 며, 이에 조사 자료를 보정 없이 사용함

(3) **세월호 침강 조건**: 3차원 스캐닝 조사 결과, 침몰된 세월호는 약간의 부등 지반 관입 형상을 띠고 있으나, 부등 관입의 원인이 명확하지 않은 관계로 해석에서는 이상적인 균일 관입으 로 가정함

(4) **핀 안정기 축회전**: 인양된 세월호 좌현 핀 안정기는 정상 작동 범위(25도)에서 추가적으로 25.9도 초과한 것으로 조사되었으나, 본 검토에서는 선조위의 제공 정보에 따라 핀 안정기 는 0도로 지반에 관입되어 저항하는 것으로 가정함

5) 용역 조사 결과 요약

가) 기존 지반 자료 분석

(1) 세월호 주변은 0.0∼0.3도로 평탄한 형태로 세월호 선체 길이(약 140m)를 고려했을 때 세월호 침몰, 지반 관입 시 지반면의 경사에 의한 영향은 지배적이지 않을 것으로 판단

(2) 2015년 한국해양과학기술원에서 조사한 지반 자료 분석에 따라 세월호 사고 지점 근처에 서는 자갈실트질 모래(GMS)가 우세하게 나타나며 북동쪽으로 자갈을 함유한 실트(GM)가 나타남

(3) 2015년 상하이샐비지(Ocean C&I)에서 수행한 지반 조사 결과에 따르면 조사 범위 내에서 지층은 2개 층으로 분류되며, 자갈층으로 구분되는 표층과 잔류토로 구분되는 하부층으로 구성되고, 두 층은 해저면으로부터 약 2m 하부에서 나눠짐

(4) 상하이샐비지는 표층의 Bearing Capacity를 350~700kPa로 매우 단단한 지반층으로 분류했으나, 이는 지나치게 과도함이 지적됨

(5) 기존 지반조사 결과 각 시추공별로 샘플 미회수 등 누락된 정보가 다수로 대표 물성의 도출이 어렵고, 특히 표층에 대한 직접 전단 실험 결과가 누락되었으며, 세월호 갑판 상부 방향 시추공의 자료가 갑판 하부 위치에 비해 굵은 입자(자갈, 모래 등)로 평가된 경향이 있음. 또한 기존 지반 조사 결과는 2015년 세월호 사고 시점 이후에 수행된 것으로 세월호 가 침몰함에 따라 유발되는 흐름 변화에 의해 표층의 지질 구성이 다소 변경될 수 있음. 이에 따라 표층에 대한 지반 물성은 신뢰도가 다소 낮은 것으로 판단됨에 따라 선체 지반 관입 깊이 및 Soil Berm 형상으로부터 표층 지반 특성을 역해석하여 평가하기로 함

나) 기존 지반자료 분석

(1) 2015년 한국해양과학기술원에 의하여 세월호 선체 및 주변 지반에 대한 레이저 실측이 이루어졌으며, 이를 바탕으로 세월호의 관입 깊이 및 Soil Berm의 높이를 도출했다. PCD 데이터로부터 얻은 값은 갑판 상부 방향 관입 깊이 0.95m에 Soil Berm 1.48m, 갑판 하부 방향은 관입 깊이 0.65m에 Soil Berm 1.65m임

(2) 세월호 수중 선체 중량은 사고 직후 및 인양 전까지 약 67~90MN의 범위를 보인다. 이는 토사 유입 및 부력에 의한 영향이 고려된 것임

다) 세월호 침몰 지역 지반 물성 도출

(1) 기존 지반 조사 결과상 본 검토에 필수적으로 소요되는 비배수 전단강도(Undrained Shear Strength)에 대한 조사가 이루어지지 않은바, 해저 지반의 준정적 특성을 도출하기 위하여 CEL을 이용한 대변형 유한 요소 해석을 수행했다. 물성 도출 대상 지반은 지표로 부터 약 2m 깊이에 달하는 표토이며, 이하 지반은 교란되지 않은 것으로 가정, 기존 상하 이샐비지(2015)의 지반 조사 결과를 사용했음

(2) 표층의 비배수 전단강도를 도출하기 위하여 지반 비배수 전단강도를 달리하여 세월호의 수중 선체 무게에 해당하는 관입 깊이에 근접하는 관입 곡선을 검토. 보수적인 핀 안정기 지반 저항력 도출을 위하여 최소 관입 깊이인 0.65m를 기준으로 선정했으며, 침몰 이후 중량이 증가하는 세월호의 특성을 고려하여 선체의 기준 무게는 수중 선체 중량의 평균인 78.5MN을 사용했다.

(3) 하부층 비배수 전단강도의 30%를 반영한 0.44*z+3.32(kPa)를 표층 강도 특성으로 판단 했고, 타당한 물성 도출을 위하여 약 15회에 걸쳐 세월호 지반 관입 해석이 수행되었음

라) 좌현 핀 안정기 지반 저항 도출

(1) 세월호는 상부 펀넬(funnel)의 지반 충돌 이후 좌현으로 회전, 관입되었으며, 이때 좌현 핀 안정기에 가장 큰 지반 저항을 일으킬 수 있는 조건이 형성됨. 좌현 선체 모서리([그림 7, A점])를 회전축으로 큰 회전 반경(붉은 선)을 갖고 관입하며, 세월호의 좌현 선체 기준 최종 관입 깊이 0.65m가 발생하는 지점까지 회전 관입이 이루어진다. 핀 안정기의 끝부분 이 지반에 닿기 시작하여 최종 관입 지점까지의 수직 깊이는 3.5m이며 회전은 약 9.1도가 발생한다.

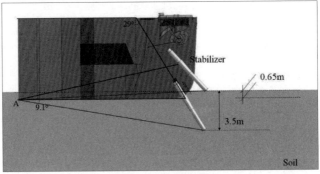

[그림 7] 세월호 좌현 핀 안정기 회전 관입 도시

(2) 핀 안정기의 회전력(torque)은 핀 안정기 tail부를 상향 회전시키는 방향을 (+)로 정의했 으며 [표 1]에 지반 관입 시 최대 축 회전력 및 지반 저항에 대하여 요약했다.

[표 1] 회전 관입에 따른 최대 지반 저항

Tail lifting moment	Normal resistance	Tangential resistance
−114.4 kNm	322.0 kN	76.3 kN

(3) 세월호는 회전 관입 이후 [그림 8]과 같이 갑판 하부 방향으로 약 4~5m 이동한 것으로 관측되었다. 이는 해류에 의한 영향으로 보이며, 수평 방향 이동에 의한 핀 안정기에 작용 하는 지반 저항은 [표 2]에 요약되었다. 결과에서 보듯이 수평 이동 시에는 관입된 좌현 핀 안정기에 Nose Down의 회전력이 작용함을 알 수 있다.

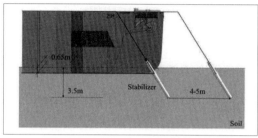

[그림 8] 세월호 좌현 핀 안정기 수평 이동 도시

[표 2] 수평 이동에 따른 최대 지반 저항

Tail lifting moment	Normal resistance	Tangential resistance
130.0 kNm	-372.0 kN	-77.7 kN

(4) 이상의 지반 특성 및 핀 안정기 저항 추정 결과에 대해, 선조위는 지반 저항 산정 시 표층을 100% 포화 수중 점토로 추정한 것이 비현실적이라는 판단 아래 상하이샐비지에서 검토한 지반 대표 물성치에서 지반 저항 결정에 지배적인 Friction Angle값을 현실적으로 고려하여 40도에서 30도 수준으로 조정하여 추가 분석해줄 것을 요청했고, 용역 업체는 임의의 값을 사용하기보다 상하이샐비지의 표층 지반 물성치를 그대로 사용했고 추가로 Free Fall Anchor에 해당하는 Rate Effect[7]를 고려하여 결과값을 비교했음

(5) [그림 9]는 변경된 표층 지반 물성치를 보여주고, 두 조건에서의 Tail Lifting Moment와 Soil Resistance 결과 비교는 [그림 10]과 [그림 11]에 각각 도시했다.

a. Layer 1	0 - 2.1m	s_u=0.44z+3.32 (kPa)
		(Layer 2의 30%)
		C=10 kPa, Φ=40°
		(상하이샐비지, 2015)
b. Layer 2	2.1 -	s_u=1.47z+11.08 (kPa)

[그림 9] 2차 검토용 상하이샐비지 표층 지반 물성 조건

7) Rate Effect(Hardening) Clay, Silt 등 투수계수가 낮은 지반에서 높은 속도의 외부 간섭, 하중이 발생할 경우 강도가 증가하는 현상

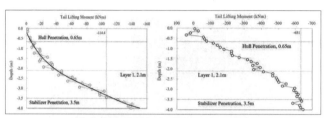

[그림 10] 표층 지반 무성치 변경에 따른 Tail Lifting Moment 비교.

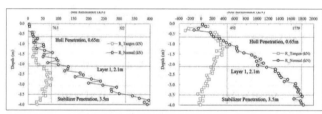

[그림 11] 표층 지반 물성치 변경에 따른 Soil Resistance 비교.

6) 소결

가) 조사의 성과

(1) 세월호 침몰 후 세 차례에 걸쳐 해저 지반 특성을 계측한 결과, 적정성 및 신뢰성에 대해 재평가해볼 수 있었음. 특히 상하이샐비지가 추정한 표층 지반 물성치는 비현실적인 수치인 것으로 평가됨

(2) 표층 지반에 대해서는 한국해양과학기술원에서 수행한 두 차례의 레이저 계측 데이터 (Point Cloud Data)를 이용하여 선체 관입 및 Soil Berm이 구현되는 물성치를 대변형 수치 해석을 통해 도출함

(3) 1차 도출된 표층 비배수 전단강도는 하부층 값의 30%로 추정되었고, 이때 표층 지질은 단위 하중과 소성지수를 고려하여 100% 포화수중점토로 판단됨

(4) 한편, 재질의 특성을 보수적으로 평가하고 Rate Effect까지 고려된 표층의 최대 비배수 전단강도는 1차 검토보다 6배 정도 증가했고, 이에 따라 핀 안정기의 축 회전력을 지배하는 Tail Lifting Moment 값도 114kN-m에서 631kN-m로 증가함을 확인했다.

나) 조사의 한계

(1) 해저 지반과 세월호 선체 간 연성 해석기법을 통해 회전 관입 시 핀 안정기에 유발되는

저항을 평가했으나, 실제 착저 위치의 지반 물성치가 존재하지 않으므로 결과의 정확도에 대한 신뢰 수준이 낮다.

(2) 인양 후라도 착저 지반에 대한 물성치를 실측했다면 보다 정확한 값을 얻을 수 있었을 것임. 현재로서는 최소~최대의 개념에서 적절하게 내삽해서 결과치를 예측해야 하는 한계치를 가짐.

(3) 또한 착저 관입 후 선체가 조류 등에 의해 이동하는 조건에서는 Nose Down Moment가 작용하므로 이에 대한 고려 역시 과제로 남겨짐

(4) 상하이샐비지가 보고한 지반 물성이 현실적이지 않은 부분을 고려하여 기존 보고 내용과 보완 보고 내용의 범위 값의 의미를 확인할 수 있도록 서술해줄 것을 용역 업체에 요청함

다. 핀 안정기 작용 하중 비선형 구조해석

1) 조사 목표

가) 세월호 좌현 핀 안정기 연결부에 작용한 하중에 따른 비선형 구조해석을 통해 축 슬립 거동 가능성 확인

나) 좌현 핀 안정기 외부의 변형을 유발할 수 있는 단위 하중평가

다) 핀 안정기 축 capacity 평가

2) 조사 경과

가) 세월호 좌현 핀 안정기 연결부 구조해석(2018. 6. 7. ~7. 20.)

나) 인○○ 산학협력단 용역 1차 보고(2018. 6. 20.)

다) 인○○ 산학협력단 용역 2차 보고(2018. 7. 4.)

라) 용역 결과 최종 보고(2018. 7. 18.)

3) 조사 내용 및 범위

가) PCD(Point Cloud Data) 분석 및 변형 상태 파악

(1) 핀 안정기 PCD(Point Cloud Data) 분석 및 변형 상태 파악

(2) 좌 · 우현 핀 안정기 변형 상태 비교

나) 세월호 좌현 핀 안정기 3차원 CAD 및 구조해석 모델 작성

(1) 구조해석을 위한 좌현 핀 안정기의 변형 전 형상 3차원 모델링

(2) 구조해석용 핀 안정기 모델 작성

다) 핀 안정기 하중 시나리오 분석 및 구조해석

(1) 하중 시나리오 : 위원회가 제시하는 하중별 구조해석

(2) 해석 목적 : 핀 안정기 연결 부위 변형 및 파손 시뮬레이션

(3) 해석 방법 : 비선형 구조해석

(4) 해석 결과 : 시나리오별 변형을 유발하는 등가 하중 산출

4) 조사 프로시저 및 가정

가) 본 조사는 전문 연구 기관인 인○○ 산학협력단에 연구 용역 의뢰했으며 세부적인 내용은 '세월호 핀 안정기 연결부 구조해석 최종보고서'로 갈음한다. [그림 12]에 본 구조해석 수행 절차를 도시했다.

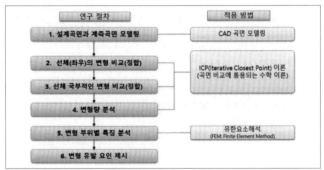

[그림 12] 핀 안정기 연결부 구조해석 절차

나) 변형 분석 방법 및 구조해석 방법

(1) 변형 분석을 위해서 '3DSystems사의 Geomagic Design X, Control X' 프로그램을 사용함

(2) FEA(Finite Element Analysis, 유한요소해석)은 구조해석(변형 해석)에 사용된 수치적인 해석 방법임

(3) 유한 요소 해석을 위해서 'Abaqus CAE 6.12 Dynamic Explicit' 프로그램을 사용함

5) 조사 결과 요약

가) 좌현 핀 안정기 외부 변형 분석 결과 : [그림 13] 참조

분석 대상	분석 근거	분석 결과
1. 핀 안정기 외판	• PCD 데이터	• 핀 안정기 가운데 부분이 오목 변형 (2~4mm)
2. Tail	• PCD 데이터	• 가장자리가 볼록 변형, 가운데 부분에 오목 변형 (2~4mm)
3. End Plate	• PCD 데이터	• Part 별 분석: 2~8mm 변형 • 핀 안정기 전체 분석: 상부에서 약 8~10mm 내외 오목 변형

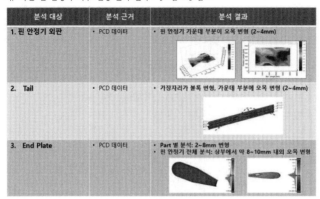

[그림 13] 좌현 핀 안정기 외부 변형 분석 결과

나) 좌우현 핀 안정기 PCD 데이터 분석 결과 : [그림 14] 참조

(1) 우현 : 평균 4.6mm, 표준편차 9.3mm,

(2) 좌현 : 평균 0.08mm, 표준편차 2.46mm

(3) 좌현 PCD에 비해 노이즈 데이터가 상당히 포함되어, 분석의 정확도가 떨어짐

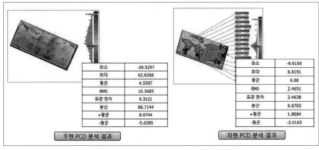

최소	-29.5297
최대	62.6366
평균	4.5597
RMS	10.3685
표준 편차	9.3121
분산	86.7144
+평균	8.6744
-평균	-5.6285

우현 PCD 분석 결과

최소	-6.6166
최대	6.6191
평균	0.08
RMS	2.4651
표준 편차	2.4638
분산	6.0702
+평균	1.8084
-평균	-2.0163

좌현 PCD 분석 결과

[그림 14] 좌 · 우현 핀 안정기 외부 변형 분석 결과 비교

다) 핀 안정기 연결부 구조해석 모델

(1) 구조해석 모델 재검토

(가) 축(Shaft)과 보스(Boss)의 접촉 부위는 '마찰조건'에 의해 접촉

(나) 제조사의 '열박음(Thermal Shrink Fitting)' 방법에 의해 조립

(나) 크럭스 박스(Crux Box) 모델 반영 방안 검토

(2) 선조위에서 제공한 Load Case에 대한 비선형 해석

(가) 총 9가지 Load Cases

(나) 하중 조건 : 마린 모형 시험 조건을 고려하여 50, 150, 260톤

(다) 작용 방향 : 핀 보디의 평면을 기준으로 0도, 26도, 52도 각도

(3) 구조해석 Solid Modeling

(가) 핀 안정기 도면 및 현장 답사 사진을 참조하여 작성

(나) 구성 Part: Shaft, Boss, Stabilizer shell, Stiffener, End Plate, Tail Plate, Crux Part 등 이상화하여 구현했고 세부 파트 모델은 제외. [그림 15]의 해석 모델 참조

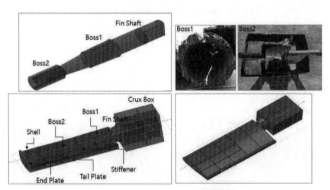

[그림 15] 핀 안정기 구조해석 모델 구성 및 보스 부위 취외 사진

(다) 열박음(Thermal shrink fitting) 방법에 의해 조립조건은 Boss 1만 반영, 열박음 가공 조건 : 축과 보스의 직경 차이 0.2mm, 온도 차 200℃

(라) 크럭스 박스(Crux box) 모델 반영, 도면 정보 확인 후 형상만 단순화하여 반영. 실제 크럭스 박스의 기구학은 반영되어 있지 않음

(마) 축—보스 접촉 부위 마찰 조건 : Steel to Steel, Dry Contact 조건에서 정지마찰 계수
0.7, 동마찰 계수 0.6을 적용. Torque Capacity 계산 관련 선조위 예상치(0.15~0.2)
보다 훨씬 큰 값을 사용함

라) 핀 안정기 연결부 구조해석 결과
(1) 해석 단계 Step.1 열박음 (thermal shrink fitting) : 보스 부위 약 200℃의 열수축에 의해 축에
0.2mm 열수축 발생 구현
(2) Step.1에서 보스와 축 부위 : 가공 후 축(Shaft) 변형은 탄성 변형 조건에서 0.2mm 감소 유지,
[그림 16] 참조

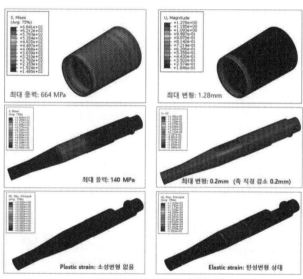

[그림 16] 열박음 조건에서 축 부위 0.2mm 탄성변형 결과

(1) 해석 단계 Step. 2 착저 하중(Bending) 작용 조건 : 하중이 클수록 bending에 의한 마찰 조건
깨짐 현상이 일어남. 150톤 이상에서는 축과 핀 안정기 보디에서 소성변형의 가능성이
보임
(2) 하중 및 각도를 바꿔가면서 축과 보디의 소성변형이 없는 상태에서 축—보스의 슬라이딩이
발생하는 조건을 찾는 것이 Step.2의 해석 목적

(3) Step.2의 9가지 하중조건에 대한 결과는 [표 3] 참조. 본 해석에서는 하중 크기 50톤과
하중 각도 52도 조건에서 축과 핀 안정기 보디의 소성변형 없이 축-보스 사이 슬라이딩이
발생할 가능성을 확인함

[표 3] bending 하중 조건에서의 핀 안정기 탄소성 변형 결과

작용 하중 [ton]	하중 각도 [deg]	핀 안정기 최대 응력 [MPa]	핀 안정기 최대 변형 [mm]	핀 안정기 최대 소성 변형율	핀 축 최대 소성 변형율	슬라이딩 변형
50	0	512	3.2	없음	없음	없음
150	0	649	73	0.016	0.016	없음
260	0	700	463.5	0.15	0.15	없음
50	26	548	15.3	없음	없음	없음
150	26	634	150	0.0171	0.0171	없음
260	26	700	504	0.15	0.15	발생
50	52	515	10.7	없음	없음	발생 (가능)
150	52	620	130	0.0173	0.0173	발생
260	52	700	550	0.149	0.149	발생

(4) Step.2의 해석조건(50톤-52도 조건)에서 loading/unloading 단계의 응력 및 거동 변화
는 [그림 17] 참고
(5) 이때 축과 보스의 회전 변형은 bending에 의한 마찰력 손실에 따라 변형 발생 가능성이
있음.([그림 18] 참고)

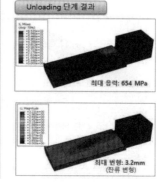

[그림 17] Bending 하중 조건 50톤-52도에서 loading/unloading 시의 응력/변형

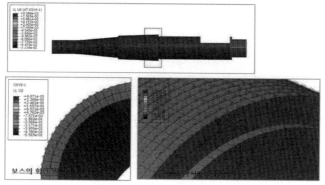

[그림 18] bending 하중 조건 50톤-52도에서 축-보스 부위의 회전 변형

6) 소결

가) 조사의 성과

(1) PCD(Point Cloud Data) 분석 및 변형 상태 파악
  (가) 1차 분석 완료
  (나) 허용 범위 수정 및 각 파트 별 세부 분석 완료
  (다) 우현 PCD 데이터 분석 완료

(2) 세월호 좌현 핀 안정기 3차원 CAD 및 구조해석 모델 작성
  (가) 핀 축과 보스 간의 열박음(Thermal shrink fitting) 해석 모델
  (나) 핀 축과 보스 간의 회전 변형 해석 모델
  (다) 해석 시나리오에 따라 모델 일부 수정

(3) 핀 안정기 하중 시나리오 분석 및 구조해석
  (가) 하중 시나리오 분석 : 착저 하중(선조위 제공)
  (나) 착저 시 회전 변형을 유발하는 하중 조건 산정 : 약 50톤, 52도
    : 본 해석 결과는 제시된 구조해석 조건에 의해 계산된 결과임
  (다) Torque Capacity 검토
  (라) 변형량을 유발하는 등가 하중 및 하중 작용 방향 추정
    : 복합 하중에 의한 변형 발생(약 100~200톤의 하중)

나) 조사의 한계
(1) 열박음 구조해석 해석 방식이 제조업체의 Tolerance Control 수치에 따라 재조정 필요
(2) 열박음 시 tolerance 변경에 따른 비선형 해석 재검토 필요
(3) 핀 안정기 Torque Capacity에 대한 분석을 우선해서 검토하여 하중 시나리오 및 슬립 메커니즘에 대한 검증을 우선해야 함
(4) 불확실성이 많은 조건의 해석에 대해 정밀 분석 필요, 현재는 슬립 하중이 너무 작아 정상 작동 Lifting Capa와 근접한 상태

라. 블랙박스 영상/음성 검증으로 시간대별 선체 횡경사 분석

1) 조사 목표
가) 세월호 급선회 당시 시간대별 선체 횡경사를 추산하여 선체 거동 특징을 분석하고자 함
나) 블랙박스 영상/음성 검증을 통해 횡경사 진행 과정의 특이점 파악

2) 조사 경과

가) 복원된 블랙박스 시간 동기화
외력 검증 TFT는 시간대별 선차 횡경사 분석의 기본적 증거인 블랙박스 영상의 시간을 동기화하고, 그 결과를 KBS 세월호 특별취재팀의 결과와 교차 검증하여 최종적으로 각 블랙박스의 자막 시간 오차를 확정했다. 그 결과 요지는 아래 [표 4]와 같다.

[표 4] 복원된 블랙박스 시간 동기화 결과

식별번호	차종	자막시간과 실제시간(KST)와의 차이 (괄호 : 프레임 수)
199	마티즈	-00:11:03(14)
202	디스커버리	+00:02:34(18)
209	스타랙스	+00:00:34(05)
214	화물차1(중앙)	+01:21:00(15)
218	화물차2(좌현)	+00:00:40(18)
226	싼타모	+00:03:41(27)
252	그랜저	-00:05:47(24)

자료 : 제1소위원회 보고안건 제18~20호, 블랙박스 시간 동기화 결과 보고 중

나) SEDF-199 블랙박스 기울기 분석

다음으로 외력 검증 TFT는 식별번호 SEDF-199 블랙박스 영상 중 블랙박스 탑재 차량과 선체 구조물 사이의 각도 차이 계측 결과를 KBS 세월호 특별취재팀으로부터 입수하여 선체 횡경사 특징을 분석했다.

[그림 19] SEDF-199 영상 분석 예시(자료 : KBS 세월호 특별취재팀, 분석 : 디지털과학수사연구소)

KBS 세월호 특별취재팀은 디지털과학수사연구소에 의뢰하여 SEDF-199 블랙박스 영상 중 탑재 차량과 트윈 갑판 구조물 사이의 각도 차이를 [그림 19]와 같이 시간 변화에 따라 계측했다. 디지털과학수사연구소의 단계별 분석 방법은 아래와 같다.

- pre-processing : lens correction / image enhancement(Adobe Photoshop)
- 이미지 프로세싱을 이용한 자동 각도 계측(MATLAB)
- 오차를 최소화하기 위해 계측된 각도에 Median Filter 적용
- 계측된 각도를 강건성을 높이기 위해 6차 다항 보간을 활용하여 최종 각도 계측(MATLAB)

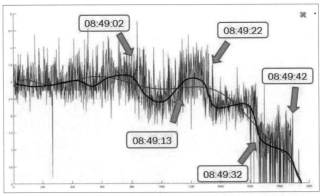

[그림 20] SEDF-199 블랙박스 영상 중 탑재 차량과 트윈 갑판 구조물 사이 각도 차 계측 결과(자료 : KBS 세월호 특별취재팀,
빨간 실선 - 6차 다항식 보간, 검은 실선 - 중앙값 추세선)

외력 검증 TFT가 KBS 세월호 특별취재팀의 SEDF-199 블랙박스 영상 분석 결과를 수령하여
블랙박스 시간동기화 결과를 대입해 검토한 결과 [그림 20]에 표기된 시간대에서 선체 거동
특징을 유추할 만한 단서를 찾을 수 있었다.

첫째, 세월호 참사 당일인 2014년 4월 16일 08:49:02~08:49:13경 선체가 한 차례 좌현 방향
으로 기운 후 복원되었을 가능성이 높음을 확인했다. 둘째, 같은 날 08:49:22경부터 세월호
좌현 횡경사가 본격화되었을 가능성이 높음을 확인했다.

SEDF-199 블랙박스 영상 분석에서 확인된 위와 같은 세월호 횡경사 특징은 3항사 박한결의
진술에서도 확인된다. 박한결은 2014년 4월 17일 목포해경에서 한 2회 진술에서 "본격적 좌현
횡경사 전에 좌측으로 약간 흔들리는 현상이 있었다"는 취지로 진술한 바 있다.

다) SEDF-202 블랙박스 쇠사슬 기울기 분석
외력 검증 TFT는 SEDF-202 블랙박스 영상 중 약 17초 분량, 총 128개 프레임에 녹화된
쇠사슬 움직임에 주목하고, 법영상분석연구소에 의뢰하여 시간 변화에 따른 쇠사슬 각도를
프레임 단위로 계측했다. 그 결과는 [그림 21]과 같다.

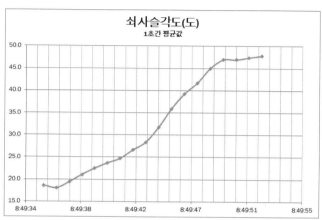

[그림 21] 시간 변화에 따른 쇠사슬 각도(1초간 평균값, 분석 : 법영상분석연구소)

법영상분석연구소는 SEDF-202 블랙박스 영상 중 쇠사슬의 움직임이 녹화된 영상 128개 프레임을 모두 추출하여 수평 복원하고, 그중 쇠사슬 각도 계측이 가능한 119개 프레임을 대상으로 2D Measurement를 이용해 측정했다.

법영상분석연구소의 계측 결과에 따르면, 참사 당일 08:49:36경 쇠사슬 기울기는 약 18도에 이르렀고, 08:49:37경 18도 이하로 감소한 후 증가하며, 08:49:41 이후 쇠사슬 기울기 각속도가 증가하며, 08:49:49경 최대 약 49도의 기울기를 보인 후 진동하는 양상을 보였다.

외력 검증 TFT는 이와 더불어 KBS 세월호 특별취재팀이 디지털과학수사연구소에 의뢰하여 계측한 쇠사슬 기울기 변화를 입수하여 검토했다. 디지털과학수사연구소는 동일한 대상물을 아래와 같은 방법으로 분석했다.

- pre-processing : lens correction / image enhancement(Adobe Photoshop)
- vanishing를 이용한 보정 후 육안 계측(Adobe Photoshop)
- 200개 프레임 중 22개 프레임 샘플 계측, 나머지는 보간(cubic-interpolation, MATLAB)
- 계측 오차 검증 실험(오차범위 0.5도, 표본수 16개, 평균 45.4도, 분산 0.77, 신뢰도 95%)

디지털과학수사연구소의 쇠사슬 기울기 계측 결과는 법영상분석연구소의 결과와 유사하면서도 일부 차이를 보이는데, 그 요지는 [그림 22]와 같다.

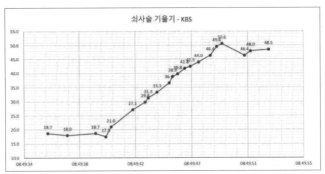

[그림 22] 시간 변화에 따른 쇠사슬 각도(점 - 계측값, 나머지 실선 구간 – 보간, 분석 : 디지털과학수사연구소)

[그림 22]에 따르면, 쇠사슬은 08:49:38~39까지 약 18도를 나타냈고, 08:49:39경 17.5도로 감소한 후 21도로 증가하는 특징을 보였다. 쇠사슬은 08:49:48경에 이르러 최대 각도 약 50.6도에 이른 후 진동하는 양상을 보였다.

디지털과학수사연구소의 계측 결과는 초기 약 18도를 나타낸 점, 최대 약 50.6도에 이른 후 진동하는 양상을 보인 점 등에서 전반적으로 법영상분석연구소의 계측 결과와 유사하다. 하지만 쇠사슬 각도가 약 18도에서 18도 미만으로 감소한 시점은 약 1~2초 차이를 보이는 등 계측된 각도와 시간에서 일부 차이를 보였다.

라) 블랙박스 쇠사슬 기울기와 특징적 소리 분석
외력 검증 TFT는 SEDF-202 블랙박스에 녹화된 쇠사슬 기울기를 비슷한 시간대에 블랙박스에 녹음된 특징적 소리와 동시에 검토했다. 그중 [표 5]와 같이 SEDF-202, 209, 218, 세 대에 동시에 녹음된 "기~익" 소음이 발생한 시각이 08:49:38~39경임을 확인하고, 이를 시간에 따른 쇠사슬 기울기 그래프와 비교 검토했다.

[표 5] 블랙박스상 특이 음향 녹음 시점 비교

기준시간 08:49:38~39경	202번	209번	218번
자막시간	09:00:42	00:00:06	08:48:57

그 결과 해당 소음이 쇠사슬 기울기가 18도 미만으로 일시적으로 감소한 구간의 시간과 일치한다는 사실을 확인했다. 이로부터 08:49:38~39경 "기~익" 소음이 발생한 후 쇠사슬 기울기가 가파르게 증가하는 바와 유사하게 세월호 선체도 기울었음을 유추할 수 있다.

외력 검증 TFT가 상기와 같이 유추한 세월호 선체 기울기에 대한 특징은 세월호 1기사 손지태의 진술에서도 확인된다. 손지태는 2014.4.20. 목포해경에서 "묵직하게 '기~익' 소리가 나더니 배가 왼쪽으로 기울었다"는 취지로 진술한 바 있다.

마) 블랙박스 쇠사슬 각속도 분석 및 선체 횡경사 속도 추산
외력 검증 TFT는 프레임 단위로 계측한 SEDF-202의 쇠사슬 기울기가 최대 10도의 차이를 보일 정도로 빠르게 증가했음을 확인했다. 이렇게 계측된 쇠사슬 기울기 속도를 6구간 이동 평균할 경우 초당 최대 6도에 이르렀음을 확인했다.

외력 검증 TFT는 쇠사슬 기울기 및 기울기 속도 계측 결과를 바탕으로 선체 횡경사 속도를 추산한 결과 초당 최대 3.18도에 이르렀다.

3) 소결

가) 블랙박스 영상 및 진술조서 분석 결과, 세월호 선체는 2014년 4월 16일 08:49:02~13경 한 차례 좌현으로 요동한 후 회복했고, 08:49:20경 좌현 횡경사가 증가하기 시작했을 것으로 추정된다. 세월호 선체는 08:49:39경 "기~익" 소음이 발생한 이후 좌현 횡경사가 초당 3.18도가량 급격히 증가하여 08:49:49경 최대 약 47도에 이른 것으로 추정된다.

나) 이와 같은 세월호 선체 횡경사의 시간에 따른 변화 양상은 "처음에는 천천히, 그다음에는 사람이 날아갈 정도로 갑자기 급격히 기울었다"는 취지의 생존자 진술, "본격적으로 기울기 전 한 차례 요동이 있었고, '기~익' 소음 발생 후 횡경사가 증가했다"는 취지의 선원 진술과 일치한다.

다) 제3기관에 의한 쇠사슬 기울기 계측 결과 교차 검증으로 조사의 신뢰도를 제고하고 SEDF-199번 블랙박스 영상의 특징을 검증하기 위한 차량 경사 실험을 진행할 필요가 있다.

마. 블랙박스 영상 검증 다물체 동역학 해석

1) 조사 목표

가) 복원된 블랙박스 영상 속 특정 장면을 재현할 수 있는 조건을 추정하고자 했다.

나) 분석 대상 장면은 ① SEDF-218 후방카메라 중 5톤 트럭(식별번호 C-84 및 C-91)의
부양 장면([그림 23] 참조), ② SEDF-209 후방카메라 중 펌프카(식별번호 C-90)의 전도
장면([그림 24] 참조)이다.

2) 조사 경과

가) C-91 부양 여부 검증

외력 검증 TFT는 SEDF-218 후방카메라 영상 중 5톤 트럭(C-91)의 바퀴가 갑자기 C갑판
바닥에서 떨어져 차체가 솟아올라 좌측 5톤 트럭(C-84)을 추돌하는 장면이 실제 발생할 수
있는 조건을 추정할 목적으로, 5톤 트럭(C-91)의 부양 여부부터 검증하고자 했다.

외력 검증 TFT는 이를 위하여 해당 영상(EVT_20140416_084906_2.AVI)을 법영상분석연구
소에 전달, 해당 장면을 3차원으로 모델링하여 시뮬레이션하는 기법으로 부양 여부를 검토했
다. 그 결과 아래 [그림 23]과 같이 5톤 트럭의 바퀴가 순간적으로 완전히 바닥에서 떨어져
차체가 솟아올랐다는 사실이 입증되었다.

[그림 23] C-91 3차원 시뮬레이션 결과(분석 : 법영상분석연구소)

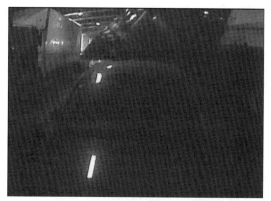

[그림 24] SEDF-209 후방카메라 영상 중 C-90 전도 장면 갈무리

나) 고박 등 해석 조건 검토

외력 검증 TFT는 위와 같이 확인된 차량 거동이 발생할 수 있는 조건을 추정하기 위하여 블랙박스 영상을 재생, 육안으로 관찰하여 분석 대상물(C-84, C-90, C-91)의 고박 여부, 주변 차량 위치 등을 확인했다. 그중 고박장치의 경우, 5톤 트럭인 C-84 및 C-91의 경우 차체에 걸려 있던 고박체인이 최종적으로 사라졌음을 확인했고, 펌프카인 C-90의 경우 고박 체인이 장착되지 않은 것으로 확인했다. 주변 차량 위치 및 무게, 무게중심 좌표 등 그 외 필요 정보에 대해서는 선조위 화물 조사결과 보고서 및 AIS 데이터 등을 참조했다. 또한 시간에 따른 쇠사슬 기울기를 재현하기 위하여, 쇠사슬의 외경, 내경, 길이 등을 계측했다.

다) 다물체 동역학 해석

외력 검증 TFT는 상기와 같이 조사된 조건을 입력값으로 하여 ㈜태○○○○○에 다물체 동역학 해석을 두 차례 의뢰했다.

[그림 25] 1차 해석 조건 및 내용 요지

1차 해석의 경우, 펌프카 C-90의 전도현상은 선체 횡경사 진행 시 C-90이 미끄러지면서 좌측에 있던 승용차에 걸려 전도되는 것으로 분석되었다. 5톤 트럭인 C-91의 부양 현상은 고박만을 고려한 해석에서 유사한 재현이 불가능했고, 고박이 존재하는 조건에서 1만 N의 순간적인 하중(impact)이 가해진 경우 블랙박스 영상과 가장 유사한 거동이 재현되었다. 또한 SEDF-202 영상 속 쇠사슬 기울기를 선체 횡경사 입력값으로 하고 C-90과 C-91, C-84를 동시에 고려한 해석에서는 고박만을 고려했을 때 블랙박스와 유사한 거동 재현은 불가능했고, 원심력 및 50만 N의 순간적 하중(Impact)을 적용한 경우 블랙박스 영상과 같은 유사동작이 재현되었다.

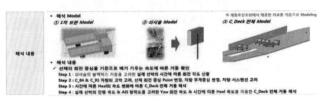

[그림 26] 2차 해석 조건 및 내용 요지

2차 해석의 경우, C-84의 좌·우측 고박장치가 약 0.1~0.5초의 시차를 두고 파손된 여러 가지 경우를 가정했으나, 차량 바퀴가 바닥에서 완전히 뜨는 경우는 재현되지 않았다. 또한 AIS데이터 중 선속(SOG), 대지침로(COG), 선수방위(HDG)를 입력값으로 하는 동시 해석에서 쇠사슬의 거동은 블랙박스 영상과 유사하게 재현되지 않았다.

3) 소결

가) 다물체 동역학 해석 결과, 블랙박스 영상 속 차량 거동은 고박 조건을 다양하게 적용하는 것만으로 구현되지 않았고, 1차 해석 시 임의의 순간적 하중을 적용했을 때 가장 유사한 거동이 관찰되었다. 다만 해석을 위한 모델 중 정확한 고박 길이 및 탄성 등 정보 부족은 한계점으로 남았다.

나) 쇠사슬 기울기로부터 선체 횡경사를 추산하기 위한 해석은 쇠사슬 무게 및 연결부 특성 등을 정확히 반영하지 못한 모델링의 한계로 인해 최종 실패했다.

바. 마린 3차 자유항주 모형 시험

1) 조사 목표
세월호의 급선회부터 침몰에 이르기까지 사고 과정 전반에 대한 가능한 선박 유체역학적 검증 작업을 통하여 참사 원인을 규명하고자 함

02. 세월호 외력 검증 TFT 조사결과 보고서

2) 1~2차 자유항주 모형 시험 주요 내용

가) 용역보고서에 사용한 계측값 및 환산값은 모두 선박고정좌표계를 사용했다. 다만, 일부 계측장비는 수조고정좌표계를 사용하여 계측이 이루어졌으나, 보고서에는 선박고정좌표계로 변환하여 수록했다.

나) AIS 항적은 오전 8시 48분 44초에서 8시 51분 34초까지 표시했으며, DGPS 안테나(보고서에는 AIS 안테나라고 오기되어 있음) 위치를 고려하여 수정된 값을 사용했고, 모형시험 결과와 비교하기 위해 시작점은 약 ±20초의 추정 오차를 갖는다.

다) 별첨 자료 1의 5쪽에 나타난 그래프에서는 GM=0.45 조건에서의 타각별 초당 ROT를 도시했고, 자유항주 시작 후 40, 45, 50, 55, 60초 후의 값과 최대값을 비교했다. 특히 60초 후의 값을 각각 15도와 25도 측정값을 이용하여 그보다 큰 타각의 결과를 추정한 영역을 녹색 삼각형으로 도시했는데, 외삽 영역인 35도 타각 조건의 실계측값은 추정 영역 내 있는 것을 확인할 수 있다. 하지만 그 추정 영역이 초당 ROT 1.6에서 2.1에 이르는 광범위하고, 실계측값 1.8을 그 영역 내에서 도출한다는 것은 매우 어려운 추정이라고 할 수 있다.

라) 반면 최대 초당 ROT인 경우, 빨간색으로 표시한 외삽 추정영역은 좁아졌지만, 실계측값은 그 영역 밖에 존재하는 것을 확인할 수 있다. 따라서, 횡경사와 선회율 등 물리적인 변화가 선형 관계로 나타나지 않는 경우는 외삽법을 적용하여 추정하는 것이 매우 어렵고, 그 범위마저도 벗어날 가능성이 있다는 점에서 모형 시험 결과 분석에 적용하는 것은 바람직하지 않다고 할 수 있다.

3) 1~2차 자유항주 모형 시험 결론

가) 보고서 결론 3번에 따르면 "큰 횡경사각으로 인해 발생하는 내부 화물의 미끄러짐이 세월호 모형선 운동에 영향을 미쳤고, 횡요각속도를 증가시킴으로써 가장 크게 영향을 받는다"라고 했으나, 횡요각속도 최대 증가는 윈치를 사용한 외력의 적용에서 나타난다고 보는 것이 타당하다.

나) 보고서 결론 4번에 따르면, "유사하게, 본 모형선에 윈치를 활용한 외력의 적용은 모형선의 운동에 영향을 미쳤고, 횡요각속도를 증가시킴으로써 가장 크게 영향을 미치지만, 여타의 어떠한 뚜렷한 경향이 사실상 드러난 것은 없다"라고 했으나, 윈치의 작용이 오히려 횡경사와 우선회를 방해하는 현상으로 선회 후반부에 일어났다고 보는 것이 타당하다. 용역보고서에서는 본 사항에 대한 분석이 빠져 있다.

다) 보고서 결론 7번에서는 "어느 모형 시험이 AIS 항적, AIS 대지속력 및 추정된 횡경사각과
유사했는지 판단하기 위한 객관적인 절차가 진행되었다. 그 결과 다양한 복원성 수준과
타각을 조합한 경우 가장 작은 편차를 보여준다"라고 언급했으나, 가장 작은 편차인 경우
에도 모형 시험에서 오차라고 인정할 수 있는 1~5% 이내의 차이보다 매우 큰 차이를
보이고 있으며, 비교 대상에서 가장 중요하다고 판단할 수 있는 횡경사 속도, 선회각속도
등은 비교조차도 시도하지 않았을 뿐만 아니라, 하나의 항적을 서로 다른 복원성과 타각
의 조합으로 나타낸 것(예를 들어 18도 횡경사까지는 GM2B or GM3의 25도 타각, 48초
까지는 GM5의 12도 타각, 92까지는 GM5 12도 타각)이 가장 유사하다는 결론을 내리고
있는 등, 항적의 유사성을 언급하는 것 자체도 무리가 있다고 보는 것이 타당하다.

4) 3차 자유항주 모형 시험 조사 목표 및 경과

가) 조사 목표는 핀 안정기 추돌 외력에 따른 선박의 거동(ROT, ROH)과 사고 순간 항적
재현을 위한 외력의 크기/방향/작용 시점 도출하는 것이다.

나) 조사 경과는 다음과 같다
- 마린 3차 자유항주 모형 시험 수행(2018.6.27.~29., 7.2.*)
- 시험 결과 통계표와 그래프 입수(2018.7.3.)
- 시험 결과 시계열(ASCII) 자료 입수(2018.7.7.)
- 계약 절차 지연에 따라 중간보고서 입수 지연(2018.7.20. 기준)
* 3일 차 오후 시험시설 고장으로 인해 미완 항목 마린 단독 수행

5) 3차 자유항주 모형 시험 주요 내용

가) 17.5노트 선속과 35도 타각조건에서 원치의 위치는 총 5개를 적용했으며, 수평각 18도,
28도, 58도와 수중 도르래 위치를 70m, 10m, 20m로 적용하여 총 27건의 시험을 수행
했다.

나) 별첨 자료 2의 3쪽에 있는 것처럼 260톤 외력을 좌현 핀 안정기에 수평각 28도와 수중
도르래 위치 20m에서 15초간 작용하면, 초당 ROT는 2.6도까지 증가함을 확인했다. 외력
을 적용하지 않은 같은 조건에서의 최대 초당 ROT는 2.0도이므로 외력에 의해 약 초당
0.6도 이상 추가로 더 선회했으며, 이 증가 경향은 외력을 적용하는 즉시 바로 나타난
것도 확인할 수 있었다. 그런데 선수각과 대지침로의 차이인 편각은 외력 작용이 끝난
약 15초 후부터 증가하는 것을 볼 수 있었으며, 약 30초 후에는 외력이 없는 조건에서
편각으로 수렴하는 것을 확인할 수 있었다. 이는 외력에 의해 증가한 선회 시 편각이 자력
에 의한 편각보다 더 큰 값에 이를 수 있지만, 지속적인 외력 없이는 그 편각의 수준이

자력 선회 수준으로 떨어지면서, 자력에 의한 선회로 복귀하는 것으로 해석하는 것이 타당하다.

다) 별첨 자료 2의 4쪽에는 위와 같은 외력 작용 시 선수각(yaw)과 횡경사(roll)를 비교한 그래프를 도시했다. 선수각은 외력 작용 후반부에 자력 선회 대비하여 최대 5도 증가하고, 외력 작용 후 약 15초 후부터 약 20도 증가 상태를 유지했다. 이는 외력 작용 후에는 작용 시 증가한 선수각의 차이를 증감 없이 계속 유지했다고 해석하는 것이 타당하다. 횡경사의 경우는 외력 작용 즉시 감소하면서, 작용이 끝나면 최대 20도가 자력 대비 감소했다. 하지만 최대 횡경사는 외력 작용 후 약 8초 후에 같은 값으로 도달했다.

라) 따라서, 260톤 외력을 좌현 핀 안정기에 수평각 28도와 수중 도르래 위치 20m에서 15초간 작용하면, 초당 ROT는 0.6도 정도 증가하나, 횡경사는 오히려 방해하는 방향임이 명백하다.

마) 별첨 자료 2의 5쪽에는 같은 조건에서 외력 작용 시간을 5초, 10초, 15초 변화시킨 결과를 나타낸다. 특히 선속은 외력 작용 즉시 증가하는 것을 볼 수 있으며, 외력 작용 시간이 길수록 선속 증가분도 커진다. 특히 15초 외력 작용 조건에서는 선속 증가가 초기 진입 속력에 이를 정도로 2노트 이상 빨라졌으며, 이는 AIS 항적에 나타난 결과와 배치됨을 알 수 있다.

바) 또한 좌현과 우현 엔진의 파워를 비교한 결과, 우현 엔진 파워는 횡경사가 증가함에 따라 감소하나, 좌현은 증가하는 것을 확인했다. 좌·우현 파워를 합하면, 초반 50%+50%에서 횡경사 심화 후 15%+95%로 그 수준이 초반과 같거나 오히려 조금 증가하는 수준으로 계측되었다.

사) 최대 ROT 수준이 가장 높게 나온 경우인 260톤 외력을 좌현 핀 안정기에 수평각 28도와 수중 도르래 위치 20m에서 15초간 작용하면, 초당 ROT는 0.6도 정도 증가하나 횡경사는 오히려 감소하고, 선속의 증가가 2노트에 이르는 등 외력의 작용 방향이 ROT와 ROH 증가를 유발하는 데 있어 한계가 있었다고 판단할 수 있다.

6) 소결

가) 조사의 성과로는 추돌 외력에 따라 ROT(~2.6도/s), ROH(~3.5도/s) 증가를 확인했고, GoM 0.06~0.6의 광범위한 복원성, 대각도 타각(0~35도~40도), 보수적인 화물 이동, 대수속력 1.5노트 증가(조류효과 고려) 등 가혹한 모형 시험 조건에서 이르지 못한 선회율 한계 ROT(<2.0도/s)를 외력으로 극복 가능함을 확인한 데 있다 하겠다.

나) 마린 CFD 외력 산정 실패에 따라 광범위한 외력 변수를 찾는 데 시행착오를 겪으며 모형 시험 경우의 수가 제한되어, 최적 위치 확인을 제대로 하지 못했다.

다) 윈치의 한계로 인해 ROT와 ROH가 증가하지만 부작용으로 선속을 더 많이 증가시킨 것으로 추정, 윈치에 의한 외력이 선회각이 증가함에 따라 선회를 방해하는 역할도 하는 등 추돌 시나리오와는 차이를 보일 수밖에 없는 한계를 확인했다.

라) 이러한, 마린 CFD 외력 산정 실패와 윈치의 한계로 인해 조사 목표 중 외력의 크기/방향/작용 시점 도출은 달성하지 못했다.

> **별첨 1** 180509_MARIN 자유항주시험 보고서 심층 토의 건
> **별첨 2** 180722_외력 검증 자유항주 모형 시험

사. 직립 후 선체 외판 3D 스캐닝

1) 조사 목표

가) 직립 후 선체 계측 자료 확보
나) 계측 자료(PCD) 이용 선체 분석
다) 직립 전후 선체 변화 확인

2) 조사 경과

가) 2018.6.3~6.5. 현장 촬영 실시
나) 2018.6.14. 추가 보완 촬영 실시
다) 2018.7.6. 최종 납품 용역 완료

3) 조사 성과

가) 직립 후 선체 계측 자료 확보
나) 절단물 계측 자료 확보
다) 특정 화물 계측 자료 확보
라) 직립 전후 선체 변화 일부 확인

4) 조사 결과

가) 직립 후 선체 계측 자료 확보를 통한 선체 계측 및 상태 측정을 위한 기초 자료 입수
나) 절단물 계측 자료 확보를 통한 앵커 침몰설 관련 양 현 앵커와 인양 전 절단 좌현 스턴램프
　　의혹 검증 자료 채증
다) 특정 화물 계측 자료 확보로 횡경사 발생 시 충돌로 선체 외판의 손상 원인이 되었다는
　　의혹이 제기되는 음식물 건조기 계측 자료 확보
라) 직립 전후 선체 변화 확인을 위한 세월호 선명, 러더 용골 축, 조타실 창문 세 지점 기준점
　　선정 ICP 적용 직립 전후 3차원 계측 비교

[그림 27] 직립 후 선체 3차원 계측, 주요 의장품 포함 결과

5) 소결

가) 조사의 성과
(1) 리프팅빔 하부 좌현 계측 자료 입수
(2) 중요 의혹 대상 절단물, 화물 등 검증을 위한 계측 자료 확보

나) 조사의 한계

(1) 계측 자료 활용 정밀 모델링 자료 구축 필요

(2) 계측 자료를 활용한 해석 용역 수행 필요

아. 군 관련 조사

1) 조사 목표 : '잠수함 충돌설' 의혹 해소를 위한 군 관련 자료/기록 조사

2) 조사 범위

가) 해군 항박일지

나) 한국 잠수함 정비 기록

다) 참사 전후 군사 훈련 상황

라) SONAR 기록

마) KNTDS 레이더 항적

바) (美) 본험리처드함 항행 경로 등 정보

3) 조사 경과

가) 해군 항박일지

(1) 2018.6.11. 해군본부 방문 : 잠수함 항박일지 등 확인, 2014.4.16. 당시 해군 잠수함 00척 중 3척 작전 내역 확인. 단, 세월호 참사 현장 반경 100마일 내 작전 잠수함 없음

(2) 한문식함 항박일지 추가 입수 : 참사 전후 ○○○ 부근 훈련 중 세월호 구조구난을 위해 긴급 출동 확인

(3) 조사의 한계 : 항박일지 신뢰성 불분명, 매월 1회 함장 결재 전 일괄 수정 가능, 한문식함 전탐사일지는 비밀등재 기한(1년) 경과로 폐기되어 확인 불가

나) 한국 잠수함 정비 기록

(1) 창 정비 기록 및 얄반 정비 기록 입수 : 함정 계획정비 29척, 함정 고장정비 7척, 이 중 잠수함은 고장정비 없음

(2) 잠수함 정비 부품 교체 이력 추가 입수

(3) 조사의 한계 : 잠수함 정비 부품 교체 이력(2014.4.15.~7.30.) 총 1,090건(7,872점)의 방대한 양으로 심도 있는 검토 진행 못함

다) 참사 전후 군사 훈련 상황

(1) 한문식함 : 4.15. ○○○ 근해(현장에서 20km) 사격훈련 실시, 4.16. ○○○ 근해(현장에서 74km) 훈련 취소

(2) 참-351 : 4.16. ○○○ 근해(현장에서 306km) 사격훈련 실시

(3) 조사의 한계 : 한문식함 항행 경로 등 의문점이 있으나 항박일지 신뢰성 문제로 확인 불가

라) SONAR 기록

(1) 세월호 탐색 구조 작전에 참가한 함정 SONAR 탑재 내역(총 16척)

　(가) 전투함 8척 탑재 : 해상 탐색

　(나) 소해함 5척 탑재 : 해상 탐색

　(다) 구조/잠수정모함 3척 탑재 : 수중 탐색 지원

　(라) 한문식함 : 미탑재

(2) 해군본부 방문 결과, 해군 SONAR는 수중 물체 탐지용, 대잠 상황일 때만 탐지 기록 유지, 고정식(□□□□)/가변식(××××) 중 고정식은 해저 SONAR 탑재

(3) 조사의 한계 : 세월호 해역은 작전구역이 아니어서 SONAR 사용하지 않았을 것이라는 답변, SONAR Ping 사용 시 고막 손상 등 구조 문제상 사용하지 않았을 것이라는 추측성 답변만 얻음

(4) 음탐사일지 : 2014년도 자료는 보관 기한 도과로 폐기되어 확인 불가

마) KNTDS 레이더 항적

(1) 목포3함대에 레이더 항적 보유, 직접 열람만 가능하며 제출 불가하다는 회신 받음

(2) KNTDS 레이더는 화면에 물표로 표시되고, 표시된 물표를 커서로 클릭하여 위치를 표시함 : 커서 위치에 따른 위경도 오차 발생 가능성 있음

바) (美) 본험리처드함 항행 경로 등 정보

(1) 해군본부 답변

　(가) 한미 연합훈련 후 상황은 당시에는 확인했을 것이나 현재는 관련 자료 부존재

　(나) 4.16. 오전 주한 미 해군 사령관 투입 지시 자료 있음(국회 제출)

(2) 한미연합사 미측 답변

　(가) 2014.4.10.~15. 한국 영토로부터 서쪽 100nm 공해상에 있었음

(나) 2014.4.16. 구조 신호를 받고 세월호 현장에 참가

(다) 2014.4.22. 지원 요청이 더 이상 없어서 현장에서 떠남

(3) 조사의 한계 : 자세한 항행 경로나 제원 등 관련 정보는 미국대사관을 통해 정식 요청하라는
답변 받음

4) 소결

가) 조사의 성과

(1) 국내 해군 잠수함의 항박일지 및 정비 이력 확인

(2) 당시 SONAR 탑재 함정 확인 및 고정식/가변식 차이점 확인

나) 조사의 한계

(1) 국내 해군 항박일지 등 군 자료의 신뢰성 불분명함

(2) 참사로부터 기간이 오래되어 관련 군 자료가 기간 도과로 폐기되어 확인 불가

(3) 미국 등 해외 잠수함 관련 자료 입수 불가

(4) 조사 기간의 한계로 인한 KNTDS 레이더, 잠수함 정비 이력 등 심도 있는 조사 진행 불가

(5) C3 초계기 SONAR 관련 자료 미접수

Ⅲ

결론 및 권고 사항

1. 결론

가. 선체조사위원회는 세월호 AIS 데이터에서 나타난 급선회 항적과 블랙박스 영상에 담긴 급격한 횡경사 및 좌현 핀 안정기 축 부위에서 관찰된 외력에 의한 스크래치 등을 근거로 참사의 원인으로 외력 가능성에 대해 객관적인 조사가 필요함을 의결했다. 이에 위원회는 제한된 조건에서 효과적인 조사를 위해 '세월호 외력 검증 TFT'를 구성하여 조사 개시했다.

나. 우선, 좌현 핀 안정기가 정상 작동한계인 +/-25도를 넘어 약 51도까지 회전했고 축과 보스 사이의 마찰력을 뛰어넘는 회전 현상을 검증하기 위해 핀 안정기의 해저 착저 시 작용 하중에 대해 soil-structure 연성해석 기법을 적용하여 평가하고자 했고, 핀 안정기 메이커인 롤스로이스를 통해 입수한 상세 도면을 바탕으로 핀 안정기 연결부에 대해 비선형 구조해석을 실시하여 핀 안정기 외부의 미소 변형과 축 슬립을 검증하고자 했다.

다. soil-structure 연성해석에 의해 얻은 해저 착저 시 핀 안정기 관입 저항(Tail lifting moment)는 114~631kN-m로 평가되었으나, 지반 물성치에 따라 변화가 크고 조건에 따른 결과값의 차이가 커서 정확한 수치는 핀 안정기 실제 관입된 지반의 물성치를 실측하여 평가되어야 하나 그러하지 못한 한계가 존재했다.

라. 핀 안정기의 축 회전 시나리오는 메이커를 통해 수집된 축(Shaft)과 보스(Boss) 간 열박음(Thermal shrink fitting) 조건에서 작용 외력의 크기와 방향을 달리 주어 해석한 결과, 작용 하중 50톤+하중 방향 52도 조건에서 핀 안정기 몸체와 핀 축의 소성 변형 없이 축과 보스 사이 슬라이딩 변형이 가능함을 확인했으나, 초기 열박음 조건에서의 소성 변형이 물성치에 주는 영향과 슬라이딩 변형이 유발되는 굽힘변형 특성 및 Torque Capacity에 대한 추가 검토가 필요함을 확인했다.

마. 연성해석에서 얻어진 하중 범위와 핀 안정기의 정상 작동 torque 및 착저 시 하중이 근접해서 정상 작동 시 또는 외부 충격 시 축 슬립을 판단하기 쉽지 않았다. 또한 핀 안정기의 작동 유압 한계 및 크럭스 박스(Crux box)의 세밀한 작동 메커니즘이 파악되지 않고 단순하게 모델링 처리된 점 등이 보완되어야 하는 과제로 남았다.

바. 세월호의 과도한 횡경사에 대한 분석은 C갑판에서 회수된 블랙박스에 찍힌 쇠사슬의 시간당 기울기에 대해 프레임 단위 영상 분석 기법을 적용하여 얻어진 바, 디지털과학수사연구소의 SEDF-199 블랙박스 기울기 분석에 의하면 08:49:02~08:49:13경 선체 요동 발생 가능성 및 08:49:22~ 횡경사 본격 발생을 추정할 수 있으며 차량 서스펜션 반응이 단계적으로 나타나는 부분은 참사 당시 3항사의 진술과 일치함을 확인했다.

사. 또한 SEDF-202 블랙박스에 대한 KBS의 쇠사슬 기울기 프레임 단위 분석 결과에 따르면 08:49:38~39경 약 18도, 08:49:39경 17.5도로 감소 후 21도로 증가, 08:49:48경 최대 약 50.6도에 이르며 이를 근거로 한 선체 횡경사 회귀 분석 결과에 의하면 선체의 최대 횡경사각은 47도 및 초당 각속도(ROT)는 3.2~3.6도임을 확인했다. 또한 블랙박스상의 금속성 접촉음이 08:49:38경 동일하게 녹음된 점과 이때의 가속도 변화를 연관지어보았을 때 특이한 움직임이 있었음을 추정해볼 수 있었다.

아. 블랙박스 속 차량 이동을 재현한 다물체 동역학 시뮬레이션 결과는 특이 거동을 보이는 화물차량(C-84) 및 쇠사슬 동시 동역학 해석을 통해 선체 횡경사가 최대 44도로 추산되었고 임의의 외부 하중이 없는 경우, 화물차량(C-84)은 고박조건과 상관없이 영상과 유사한 거동 재현은 불가능했고, 추후 유체력 구현 및 모델링 대상을 확대하여 해석할 필요성이 제기되었다.

자. 외력 조건에 대한 실증 실험의 성격을 부여한 마린 3차 모형 시험에서는 핀 안정기 추돌 외력에 따른 선박의 거동(ROT, ROH) 경향성 확인 및 사고 순간 항적 재현을 위한 외력의 크기/방향/작용 시점 도출이 목적이었으며, 윈치에 의해 수평 방향으로 작용한 외력 유무에 따라 ROT는 초당 2.0도에서 2.6도로 증가했으며 외력이 작용하는 즉시 ROT는 증가한 반면 편각은 15초 정도의 시간 차를 두고 증가함을 확인했다.

차. 선속은 외력 작용 즉시 증가하며 외력 작용 시간이 길수록 선속 증가분도 커짐에 따라 AIS 데이터와 일치하지 않는 경향을 보였으며 시험 막바지에 기기 고장으로 충분한 데이터 확보에는 실패했으나 대각도 타각, 보수적인 화물 이동, 대수속력 증가(조류 효과 고려) 등 가혹한 모형 시험 조건에 이르지 못한 선회율 한계치 ROT(⟨2.0도/s)를 외력으로 재현 가능함을 확인했으며 윈치 시스템의 한계도 동시에 확인했다.

카. 직립 후 외판 상태에 대한 3차원 스캐닝을 통해 변형 상태에 대한 채증 목적을 달성했고 추가 조사의 기초 데이터를 확보했으며, 군 관련 조사를 통해 참사 당시 사고 해역의 수중 물체에 대해 일부 사실관계를 확인했으나 국외 함정에 대해서는 추가 확인이 필요하고 민감 부위 수리 기록 및 부품 교체 사실에 대해 추가 조사가 진행되어야 함을 확인했다.

타. 전체적으로 3개월여의 제한된 조사 기간과 예산을 가지고 진행된 외력 검증 작업은 세간의 의혹에 근거해서 조사를 시작한 것이 아니라 세월호 선조위 조사 활동 과정에서 나타난 여러 증거에서 외력의 가능성을 포착하여 조사를 시작한 것이었다. 따라서 선조위 외력 검증 TFT는 철저하게 객관적 증거를 수집하는 것에 집중했고, 근거 없이 주장만 하는 것은 최대한 배제하고자 했다. 또한 국민적 의혹(설)의 영역에 머물던 외력을 선체조사위의 정식 조사 대상으로 구체화하여 조사 영역을 확장한 성과가 있으나 개별 조사 과제에서 의혹 해소를 위한 충분한 조사 결과에는 미치지 못한 측면이 있다.

파. 이상의 조사 결과를 종합했을 때 사고의 원인 중 하나로 '외력의 가능성'은 배제할 수 없다.

하. 외력 검증 TFT는 조사 방향에 있어서 외력의 물체를 찾는 것이 우선이 아니라 세월호가 사고 순간에 보인 비정상적인 거동의 원인 중 하나로 외력을 대입했을 경우 그것이 재현 가능한 것인지, 가능하다면 그 힘의 크기와 방향은 무엇인지 밝히는 것이 목적이었기에 이상의 사실에 근거해서 추가 조사가 필요하다.

2. 권고사항

가. 외력 검증의 시나리오를 재검토해본 조사에서 한계로 지적된 부분을 극복할 수 있는 방안을 마련, 추가 시험 및 해석이 필요함

나. 화물 이동이나 조류의 영향 등 세월호 참사의 특징인 과도한 우선회율과 횡경사 후 화물 이동 등을 가속할 수 있는 조건에 대해서도 보다 엄밀한 검증을 실시할 필요가 있음

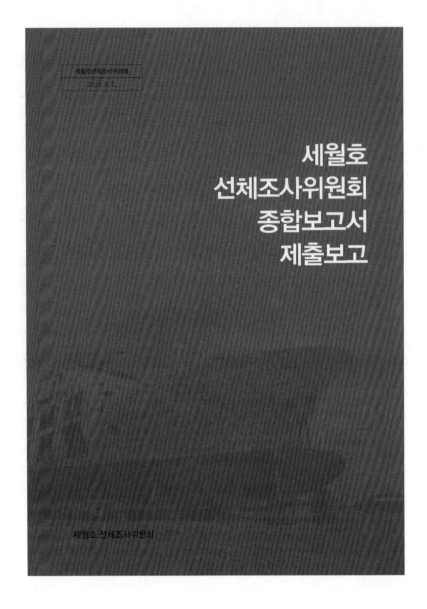

세월호선체조사위원회

2018. 8. 6.

세월호
선체조사위원회
종합보고서
제출보고

세월호 선체조사위원회

01
세월호 선체조사위원회 구성과 활동경과 요약

2017. 3. 21.
세월호선체조사위원회설치및운영에관한특별법 공포시행

2017. 3. 23.
1073일만 인양성공, 4. 11. 목포신항 세월호 거치

2017. 3. 28.
선체조사위원회 위원구성
김창준 위원장, 김영모 부위원장, 권영빈 제1소위원장, 이동권 비상임 위원,
장범선 비상임위원, 김철승 비상임위원, 공길영 비상임위원, 이동곤 비상임위원

2017. 7. 7.
침몰원인 관련 조사개시결정(8건), 활동기간 개시

2018. 5. 10.
세월호선체 바로 세우기 성공

2018. 8. 6.
활동기간 종료(6개월+1차 4개월 연장+종합보고서 3개월)

02
종합보고서 작성 및 제출보고

가. 종합보고서의 작성과 대통령에 제출보고 근거: 특별법 제42조

나. 종합보고서에 담아야 할 내용: 특별법 제42조 제3항

　　① 4 · 16 세월호 참사원인[1]

　　② 참사원인을 제공한 법령, 제도 등 개선안

　　③ 책임 있는 국가기관 등 시정/공무원에 대한 징계 등 조치권고 등

다. 종합보고서 관련 가족협의회 요청사항

　　• 조사관과 조사위원들의 의견 차이를 잘 담아 달라는 취지

라. 선체조사위원회가 제출하는 종합보고서 내용

1) 김창준 위원장, 김영모 부위원장, 김철승 위원 의견

가) 해양수산부 복원성 고시 기준 9개 중 6개를 준수하지 않은 세월호는 출항하지 말아야 했음에도 2014. 4. 15. 저녁9시경 단원고 학생 등 476명의 승객을 태우고 화물고박을 제대로 하지 않았을 뿐만 아니라 기관구역의 수밀문과 맨홀을 열어 둔 채 무리하게 제주도를 향해 출항하였다.

나) 같은 달 16. 오전 8시 26분경 맹골수도로 진입하기 직전에 세월호는 자동조타에서 수동조타로 변경되었고, 오전 8시 48분 57초경 세월호 2번 타기펌프의 파일럿 밸브에 부착된 솔레노이드 B밸브 고착현상이 발생하였다(추정).

다) 솔레노이드 B밸브 고착현상에 의하여 타는 우현으로 돌아갔고, 이러한 타의 효과에 의하여 세월호는 최초 급선회를 하면서 나쁜 세월호의 복원성 때문에 20도 이상 좌현 방향으로 기우는 횡경사가 발생하였다.

라) 20도 이상 횡경사로 인하여 세월호에 실린 화물이 제대로 고박이 되지 않아서 D-데크, C-데크 순서로 좌현방향으로 이동하면서 같은 날 8시 49분 40초경 급변침을 하면서 세월호가 45도 이상 기우는 횡경사를 발생시켰다.

---

[1] 선체조사위원회는 '참사원인'을 '세월호 침몰원인'에 한정하여 조사하기로 결정하였음

마) 세월호가 45도 이상 기운 이후에 주기관 등이 정지되어 표류하던 중 C-갑판 좌현 창문에서 좌현 편안정기실로 열려 있던 수밀문과 맨홀을 통하여 해수가 침수되어 같은 날 10시30분경 세월호의 앞부분만을 남겨 둔 채 침수·침몰되어 참사가 발생하였다.

2) 권영빈 제1소위원장, 이동권 위원, 장범선 위원 의견

가) 해양수산부 복원성 고시 기준 9개 중 3개를 준수하지 않았으나 상대적으로 양호한 복원성을 유지한 세월호는 2014. 4. 15. 저녁 9시경 단원고 학생 등 476명의 승객을 태우고 화물고박 규정을 위반하지는 않았으나 부실한 화물고박 상태로 기관구역의 수밀문과 맨홀을 열어 둔 채 제주도를 향해 출항하였다.

나) 다음날인 16일 아침, 오전 8시 48분경 맹골수도를 빠져나온 세월호는 8시 49분을 지나며 원인미상의 이유로 우선회와 함께 좌현 18도까지 횡경사를 일으켰고 49분 48초경 약 47도까지 기울면서 병풍도 전방에서 표류하기 시작했다.

다) 인양된 세월호에서 발견된 블랙박스 영상과 AIS 데이터는 세월호 선체는 8시 49분 02~13초경 두세 차례 요동이 있었으며 39초경 '기~익' 소음이 발생한 이후 초당 3.13도의 좌현 횡경사와 초당 3~4도의 급우선회율로 분석되었으며, 이의 원인으로 솔레노이드 B밸브가 고착되었다고 단정할 수 없고(제주도로 가는데 인천행 타기펌프가 가동된 증거가 없다), 솔레노이드 B밸브가 고착되었더라도 타가 우현 전타로 돌아갔다는 증거를 발견하지 못했다. 솔레노이드밸브 고착 시 전타 발생 가능성이 있지만 확인되지 않았고 이에 관한 추가 검증이 필요하다.

라) 이상과 같이 급변침하는 구간에서 나타나는 세월호의 선수방위각의 변화양상과 세월호의 횡경사율 변화 양상은 단순 기기 이상으로 보기 어렵고 외력의 가능성 역시 배제하지 못하였다.

마) 3차에 걸친 마린해양연구소에서 실시된 자유항주모형시험에서, 세월호의 좌현 편안정기에 외력 조건을 가한 결과, 외력과 선수방위각, 횡경사율의 변화양상의 상관관계가 있음이 확인되었다.

바) 직립된 세월호 선체 좌현 편안정기실과 그 위쪽 데크스토어 내부의 대변형과 외부의 충돌흔적은 외력 가능성을 보여주고 있으며, 직립된 세월호 선체의 정밀조사를 과제로 제기하고 있다.

사) 또한 세월호 침몰의 가장 큰 특징인 과도한 선회율을 재현 및 검증하기 위해 자이로 컴퍼스와 타기 시스템 등에 대해 합리적 추론을 바탕으로 추가적인 기술적, 과학적 조사가 필요하다는 결론을 내렸다.

아) 침수·침몰 과정은 의견 차이 없음

3) 제도개선안

● 한국선급의 경사시험 개선/수밀문 관련 규정 개정/선사의 안전관리책임자 책임강화 등

03

특별조사보고서 작성 제출보고

가. 특별조사보고서 작성하여 대통령께 제출의 근거: 특별법 제42조 제2항

나. 특별조사보고의 주요내용: 유류품·유실물에 관한 영구보존처리 권고

다. 권고이유: 유실물법 등 법령미비/재난의 예방하기 위한 방안으로 활용가치가 있음

04

세월호 선체보존처리계획

가. 세월호 선체보존처리계획 수립근거: 특별법 제43조

나. 대통령에게 작성 제출보고 이유

- 특별법에는 대통령에게 보고해야 하는 규정은 없으나, 해수부가 수립된 계획을 이행하고 매년 국회에 보고하는 등 사안의 중요성과 희생자가족의 요청에 비추어 대통령께 보고하기로 선체조사위원회 전원위원회 의결로 결정함

다. 선체보존처리계획에 담아야 할 내용: 특별법 제43조 제3항

    ① 세월호 선체보존처리 기간 및 장소

    ② 선체보존처리에 필요한 예산 및 집행계획

    ③ 선체보존처리에 필요한 조치 및 시행계획 등

라. 선체보존처리계획 관련 가족협의회 등 요청 내용

- 4·16가족협의회는 공식 의견 제출하지 않았으나, 현재 상태의 원형보존과 안산지역[2]에 세월호 거치 희망

---

2) 지난 7월 29일 안산 가족협의회 대강당에서 선체조사위원회와 가족 사이의 간담회에서 다수 가족분의 의견으로 이해했으나, 8월 3일 전원위원회에서 거치장소를 결정유보 요청으로 발언했음(가족협의회 가족들은 사이에도 단일 목소리는 아닌 것으로 추정)

마. 선체조사위원회가 수립한 선체보존처리계획서의 내용

- (보존 형태) 선체정밀조사 종료 후 '파손 선체 원형 보존 + 별도 복합관'으로 한다.
- (활용 방안) 교육 + 추모·치유 + 기억·기록 등 '통합 기능' 활용
- (거치 장소) 전원위원회에서 의결되지 않음
- (운영 방안) 근거 법령 제정 후 국립으로 운영 / 관리 업무 독립재단 위탁 / 범국가적 재난사고 예방
  교육을 주관
- (기타 사항) 의결사항의 구체적 이행을 위하여 위원회는 보존 형태 + 활용 방안 + 거치 장소 + 운영 방안
  + 기타 사항이 포함된『세월호 선체 보존처리 계획서』를 발간함

파손 선체 원형 보존 + 별도 복합관 디자인 내용 일부

세 월 호 선 체 조 사 위 원 회 Sewel Investigation Commission	보 도 자 료		
보 도 일 시	즉시 보도하여 주시기 바랍니다.	담당부서	대외협력
배 포 일 시	2018. 8. 6. (월)	담당자	담당관 김형욱 (010-3277-7709)

세월호 선체조사위원회 종합보고서 등 대국민 공개

1. 세월호 선체조사위원회 구성

○ 세월호선체조사위원회설치및운영에관한특별법 공포시행: 2017. 3. 21.

○ 2017. 3. 23. 1073일만 인양성공, 4. 11. 목포신항 세월호 거치

○ 2017. 3. 28. 선체조사위원회 위원구성

김창준 위원장, 김영모 부위원장, 권영빈 제1소위원장, 이동권 비상임 위원, 장범선 비상임위원, 김철승 비상임위원, 공길영 비상임위원, 이동곤 비상임 위원

2. 세월호 선체조사위원회의 주요 업무와 활동경과 요약

○ 선체조사위원회의 주요 업무

- 인양되어 육상 거치된 세월호 선체조사

- 세월호 선체 인양 과정에 대한 지도·점검

- 미수습자 수습, 세월호 선체 내 유류품 및 유실물 수습과정에 대한 점검

- 미수습자 수습, 세월호 선체 내 유류품 및 유실물 수습과정에 대한 점검

- 1 -

- 조사가 끝난 세월호 선체 처리(보존 검토를 포함한다. 이하 같다)에 관한 의견표명
- 인양되어 육상 거치된 세월호 선체조사
○ 2017. 7. 7. 침몰원인 관련 조사개시결정(8건)[1], 활동기간 개시
○ 2018. 5. 10. 세월호선체 바로 세우기 성공
○ 2018. 8. 6. 활동기간 종료(6개월＋1차 4개월 연장＋종합보고서 3개월)
○ 2018. 8. 6. 종합보고서 국회와 대통령보고, 선체보존처리계획 대통령보고

3. 세월호 선체조사위원회의 종합보고서 주요 내용

○ 선체조사위원회는 세월호 침몰원인 관련해서 의견 차이를 표시하여 기술하기로 의결함. 종합보고서 국회와 대통령에 보고(특별법 제42조)

○ **【김창준 위원장, 김영모 부위원장, 김철승 위원 의견(내인설)】**

가) 해양수산부 복원성 고시 기준 9개 중 6개를 준수하지 않은 세월호는 출항하지 말아야 했음에도 2014. 4. 15. 저녁9시경 단원고 학생 등 476명의 승객을 태우고 화물고박을 제대로 하지 않았을 뿐만 아니라 기관구역의 수밀문과 맨홀을 열어 둔 채 무리하게 제주도를 향해 출항하였다.

나) 같은 달 16. 오전 8시 26분경 맹골수도로 진입하기 직전에 세월호는 자동조타에서 수동조타로 변경되었고, 오전 8시 48분 57초경 세월호 2번 타기

---

1) ① 세월호 복원성 등에 관한 조사의 건, ② 조타장치와 조타과실여부에 관한 조사의 건, ③ 급선회 항적 및 횡경사에 관한 조사의 건, ④ 주기관과 발전기 최종정지 시간 및 정전여부에 관한 조사의 건, ⑤구조 구획확인, 검증시뮬레이션 및 모형실험 등에 관한 조사의 건, ⑥ 선체의장품 훼손여부 및 의혹쟁점에 관한 조사의 건, ⑦ 통상적인 선무확인 조사 및 승객탈출경로 구조가능성 검토를 위한 기초조사 개시의 건, ⑧ 세월호 좌현 핀안정기에 관한 조사의 건

- 2 -

펌프의 파일럿 밸브에 부착된 솔레노이드 B밸브 고착현상이 발생하였다.

다) 솔레노이드 B밸브 고착현상에 의하여 통제불능 상태로 된 타는 조타수가 의도한 5도 정도의 소각도 타각 이상을 가지는 우현으로 돌아갔고(AIS분석 결과, 8시 49분 13초부터 8시 49분 39초인 약26초 동안에 선수방위가 34도 변하였다. 이 시간 동안 세월호의 선회율은 초당 평균 1.3도인 것을 감안하고, 해상 시운전 성적서와 비교하면 타가 20도 이상 우현으로 돌아갔을 것으로 판단된다.), 이러한 타의 효과에 의하여 세월호는 최초 급선회를 하면서 나쁜 세월호의 복원성 때문에 20도 이상 좌현 방향으로 기우는 횡경사가 발생하였다.

라) 20도 이상 횡경사로 인하여 세월호에 실린 화물이 제대로 고박이 되지 않아서 D-데크, C-데크 순서로 좌현방향으로 이동하면서 같은 날 8시49분 40초경 급선회를 하면서 세월호가 45도 이상 기우는 횡경사를 발생시켰다.

마) 세월호가 45도 이상 기운 이후에 주기관 등이 정지되어 표류하던 중 C-갑판 좌현 창문에서 좌현 핀안정기실로 열려 있던 수밀문과 맨홀을 통하여 해수가 침수되어 같은 날 10시30분경 세월호의 앞부분만을 남겨 둔 채 침수·침몰되어 참사가 발생하였다.

○ 【권영빈 제1소위원장, 이동권 위원, 장범선 위원 의견[열린안]】

가) 해양수산부 복원성 고시 기준 9개 중 3개를 준수하지 않았으나 세월호는 상대적으로 양호해 보이는 복원성 상태로 2014. 4. 15. 저녁9시경 단원고 학생을 포함한 476명의 승객을 태우고 출항하였다. 화물고박 규정을 위반하지는 않았으나 화물고박 상태는 부실하였고, 기관구역의 수밀문과 맨홀

은 열어둔 상태였다.

나) 인양된 세월호에서 발견된 블랙박스 영상과 AIS 데이터를 분석한 결과, 세월호는 8시 49분 39초경 '기~익' 소음이 발생한 이후 초당 3도 이상의 속도로 급우선회 하였다. 동시에 초당 약 3 도의 속도로 횡경사 18도에서 47도까지 우현으로 급격히 기울었다. 이는 수 백 번의 모형실험에서 관찰되기 어려운 급격한 움직임이었다.

다) 양호해 보였던 초기 복원성,G_0M=0.59 m (복원성계산), 0.56 m (모형실험 추정),은 선미 램프 주위 함몰된 부위로 인해 횡경사각 10도 이후 급격히 나빠진다. 이 특성은 안정성 기준 중 선회 시 10도 이상 기울지 않아야 한다는 규정 위반과 함께 급선회하는 세월호를 18도나 기울게 하였다.

라) 모형실험 결과 급선회의 전제로서 반드시 우전타가 필요한 것으로 확인되었으며, 이를 위해서는 최소한 인천행 펌프 사용과 솔레노이드 고착, 그리고 이로 인한 전타가 증명되어야 했다.

마) 선원들의 진술에 따르면 인천행 타기 펌프 대신, 제주행 타기 펌프 단독 사용했을 것으로 추정하는 것이 타당하다. 반면, 솔레노이드 밸브 고착이 발견되고 인천 출항 당시 문제없었음을 근거로 사고 당시 인천행 펌프를 사용했다는 반론도 제기 되었다(장범선 위원).

바) 솔레노이드 고착으로 전타가 발생하고, 그 후 20-30분 내에 좌현 8도 정도로 돌아간 것에 대해서는 검증하지 못하였으며, 향후 동적 시뮬레이션과 실험을 통한 검증이 반드시 필요하다.

사) 전타가 발생했다는 전제 하에서, 실험에서 고려 못한 조류를 반영할 경우 G_0M=0.58m의 모형실험 결과와 항적이 유사해질 수 있음을 확인하였다. 높은 선회율은 자이로 컴퍼스의 감속과, 급선회, 가속도 오차로 인한 세차운동으로 설명될 수도 있으나 정확한 오차량은 추가 검증이 반드시 필요하

- 4 -

다.

아) 좌현 핀안정기가 비정상적으로 과도하게 회전된 것을 확인하고, 3차 자유
항주모형시험에서 좌현 핀안정기에 외력을 가한 결과, 선회율(ROT)을 높
일 수 있음을 확인하였다. 또한, 이와 함께, 좌현 핀안정기실과 그 위쪽
데크스토어 내부의 대변형과 외부손상으로부터 외력 가능성을 배제할 수
없음을 확인하였다.

자) 반면, 선회율은 키웠지만 떨어지던 속도가 다시 증가하고, 커지는 횡경사
가 다시 작아지는 부작용이 발생하였다. 이로부터 외력으로는 순수하게
선회율만 높일 수 있는 모멘트를 구현할 수 없음을 확인하였고, 이로부터
외력의 가능성이 낮다는 반론도 제기되었다(장범선 위원).

차) 세월호가 47도 이상 기운 이후에 주기관 등이 정지되어 표류하던 중, C-
갑판 좌현 창문에서 좌현 핀안정기실로 열려 있던 수밀문과 맨홀을 통하
여 해수가 유입되어, 결국 10시30분경 세월호의 구상 선수부를 마지막으
로 침몰하였다.

카) 이상의 조사 결과를 통해 침몰의 원인을 기존의 복원성 불량, 고박 불량,
기기고장 등 내적 요인에만 한정하지 않고, 내적 외적 구분 없는 열린 검
증이 필요하다는 결론에 이르렀다.

○ 【제도개선안, (특별법 제42조 제3항 제2호)】

권고1: 한국선급의 경사시험 관련 현실 상황과 부합되고 국제 권고규정에 맞게
재개정 필요

권고2: 연안 여객선을 운영, 관리하는 해운회사는 승객의 안전과 생명에 직결되
는 복원성과 관련된 선원 교육을 강화하고, 출항 전 선박의 현재 복원성
을 반드시 계산하여 현 상태에 맞는 화물량과 평형수 양을 조정

권고3: 수밀구획의 관리를 위해서는 아래2)와 같이 정부기관의 제도개선 및 안전 점검, 선사의 노력 필요

권고4: 안전관리책임자의 책임(역할)을 명확히 하고 그 책임이행을 강제할 수 있는 최소한의 처벌규정이 필요하고, 영세한 연안여객선의 안전운항을 보장하기 위해 준공영제를 확대하여 운영할 필요

권고5: ① 연안 여객선 안전관리 구조의 다원화, ② 안전관리 대행기관을 통한 집단적인 안전관리구조의 수립, ③ 연안여객선의 준사고 보고제도의 운영 지원, ④ 안전관리체계의 전문가로서 안전관리책임자 육성, ⑤안전관리체계의 실행자로서 선원의 처우개선 및 교육 강화, ⑥선박 결함 신고 관련 벌칙 조항의 현실화, ⑦중앙 정부 단위에 해사안전거버넌스의 구성 등의 방안을 마련할 필요

권고5(추가): 국가개조에 준하는 안전건설 사회를 위한 제도개선 필요성 절감

4. 미수습자 수습, 유류품·유실물 수습점검 및 인양점검업무

□ 세월호 선체조사위원회의 업무 규정: 특별법 제5조, 시행령 제9조

> - 미수습자 수습, 세월호 선체 내 유류품 및 유실물 수습과정에 대한 점검
> - 사고 원인 규명에 필요한 유류품에 대한 정밀조사·분석 및 관리
> - 수습 후 신원 확인 및 장례 지원 등 후속절차에 대한 점검 및 검증
> - 사고 원인 규명과 무관한 유류품·유실물·폐기물 등에 대한 처리방안 점검
> - 세월호 선체 인양 과정에 대한 지도·점검

---

2) **해양수산부와 선박검사기관**은 △선박의 종류 및 크기별 수밀구획구조 관리 방안을 수립하고, △수밀구획 관리에 대한 정기점검을 진행해야함. **선사 및 선박설계회사**는 수밀 또는 풍우밀 개폐장치를 사용하는데 안전 확보와 동시에 사용상 불편하지 않은 개선 방안을 모색할 필요가 있음

□ 미수습자 수습점검 사항

○ (미수습자 수습 지원) 본연의 업무인 수습과정 점검뿐만 아니라 수습과정에 직접 참여하여 온전한 수습이 되고자 업무지원을 함

○ (전문가 현장 지원 요청) 직립 이전 국방부 유해발굴감식단의 유해발굴 전문인력 현장 지원 요청(※ 국방부, 유해발굴팀장 2명(원사 1명, 상사 1명) 현장 지원)

○ (신청사건 조사) 미수습자 수습관련 신청사건 2건 조사 및 진상규명보고서 작성

　　① 사건번호 '신다-201701' 「세월호 유실방지, 미수습자 및 유류품 수습과정의 적절성 조사」

　　② 사건번호 '신다-201701' 「해수부 수습본부의 미수습자 수습관련 유해 발견 사실 은폐 등에 관한 조사」

○ (현장 점검) 미수습자 수습현장의 안전 관리 문제 등 현장 상황의 전반적인 부분에 대한 점검 실시

□ 유류품·유실물 수습점검 사항

○ (침몰원인 조사 증거 수집) 세월호 침몰원인 조사의 주요 증거자료 확보를 위하여 세월호 선체에서 수습된 디지털기기에 대한 디지털포렌식 작업 용역 수행 및 세월호 선체 내 종이류 복원 의뢰

○ (특별조사보고서 작성) 세월호 유류품·유실물 보존처리를 위한 위원회·해수부, 피해자, 보존처리 전문기관의 전문가가 참여하는 협의체 구성, 이 협의체 논의

를 통하여 도출된 내용을 바탕으로 '세월호 유품 보존처리 특별조사보고서'
를 작성함

□ 인양과정 지도·점검 사항

○ 2014년 미수습자 수색 종료시점부터 세월호가 목포신항만에 거치되기까지
의 기간을 대상으로 인양지연의 이유 및 인양과정의 문제점을 조사함

○ 해양수산부 공무원, 인양용역 관련 수행자, 기타 인양 관계자 등 총 71회의
참고인 조사 및 인양된 세월호의 절단된 주요 증거물들의 현황 조사 실시

○ 인양과정에서 생산된 해양수산부 및 인양수행사 등이 생산한 문서와 자료
입수 및 세월호 인양과 육상 거치에 적용된 공법 검증 실시

○ 사건번호 '병합-신나-201701' 「세월호 인양과정(선체 거치과정 포함) 점
검」의 진상규명보고서 작성 및 관련자 검사원 감사 요구

인양관련 감사요구 주요 내용

가. 해수부가 상하이샐비지에 329억 비용 지급 결정한 사실 관련
나. '공법 변경 이유를 사실과 다르게 발표한 사실'의 비위 여부
다. 증거물로서 선체를 보존하지 못한 사항 관련
라. 상하이샐비지가 음식물쓰레기, 동물뼈를 해상에 버린 사실과 관련 해양수산
   부의 관리감독 이행 여부 관련

- 8 -

5. 선체보존처리수립계획업무

□ **세월호 선체조사위원회의 업무 규정[특별법 제5조, 43조]**

> - 세월호 선체 '처리 기간' 및 '처리 장소'
> - 세월호 선체 처리에 필요한 '예산' 및 '보관기간 동안의 예산 집행계획'
> - 세월호 선체 처리에 필요한 '조치' 및 '해당 조치의 시행계획'
> - 그 밖에 위원회가 세월호 선체 처리를 위하여 필요하다고 인정하는 사항

○ 해양수산부장관은 선조위가 제시하는 선체 처리 계획을 이행하고, 이행상황
을 매년 국회에 보고하여야 함

□ **세월호 선체조사위원회의 선체처리 의결 사항[18 8 3]**

○ (보존 형태) 선체 정밀조사가 완료된 후 '파손 선체 원형 보존 + 별도 복합
관'으로 함

○ (활용 방안) 교육 + 추모·치유 + 기억·기록 등 '통합 기능'으로 활용

○ (거치 장소) 의결되지 않음

○ (운영 방안) 근거 법령 제정 후 국립으로 운영 / 관리 업무 독립재단 위탁 / 범국
가적 재난사고 예방 교육을 주관

○ (기타 사항) 의결사항의 구체적 이행을 위하여 위원회는 보존 형태 + 활용 방안
+ 거치 장소 + 운영 방안 + 기타 사항이 포함된 『세월호 선체 보존처리 계획서』
를 발간 할 것

□ 세월호 선체 활용 및 운영 방안

❑ 선체 정밀조사가 완료된 후 '파손 선체 원형 보존 + 별도 복합관'을 조성하여 교육 + 추모·치유 + 기억·기록 등 '통합 기능'으로 활용함

❑ (가칭) 『국립세월호생명기억관법』에 따라 '세월호생명기억관' 설립하고 '국립'으로 운영함

□ 세월호 선체 보존·처리 계획서 발간 계획

❑ 세월호 선체 보존·처리의 구체적 방향을 제시하기 위해 『세월호 선체 보존·처리 계획서』를 발간함

【파손 선체 원형 보존 + 별도 복합관 디자인 내용 일부】

세월호선체조사위원회 종합보고서 제1권 침몰원인[내인설] 요약문

[김창준 위원장 010-3745-6376]

2014년 4월 16일 오전 8시 49분경 세월호 뱃머리가 오른쪽으로 빠르게 돌면서 배는 왼쪽으로 넘어졌다. 배는 몇십 초 만에 좌현으로 45도 이상 크게 기울어졌다. 그리고 101분이 지난 10시 30분 뱃머리만 남기고 물에 잠겼다. 세월호가 오른쪽으로 빠르게 선회하면서 왼쪽으로 기운 다음 결국 빠르게 침몰한 과정과 이유를 밝히는 것이 선체조사위원회의 주요한 과제였다.

첫째, 세월호는 어떻게 넘어졌는가?

검찰과 중앙해양안전심판원은 조타수의 조타가 미숙하거나 부적절해 조타기를 우현 쪽으로 대각도로 돌리는 잘못을 저질렀다고 판단했다. 그러나 대법원은 조타기 장치의 고장이나 오작동 가능성을 배제할 수 없다는 결론을 내렸다. 추후 배를 인양해서 조사하여 기계 고장 여부를 파악하기 전에는 선원들의 잘못이었다고 확정하기 어렵다는 뜻이었다. 이로써 사람의 잘못과 기계의 오류 중 무엇이 세월호 우현 급선회의 주된 원인이었는지를 가리는 일은 인양 이후의 과제로 남겨졌다.

세월호를 인양한 뒤 선체조사위원회는 선미 타기실에 있는 2번(좌현) 타기 펌프의 파일럿 밸브가 중립 위치가 아니라 한쪽(A 측)에 가깝게 밀린 상태에서 멈춰 있는 것을 발견하였다. 사고 당시 조타수가 소각도 조타했을 때 B 측 솔레노이드가 고착된 것으로 보인다. 그 결과로 세월호의 타를 우현 방향으로 돌리는 압력이 계속 작용하여 조타실에서 통제할 수 없는 우선회가 발생했다. 고착 이후에 조타수가 좌현으로 조타를 했더라도 배가 우선회하는 것을 막을 수는 없었을 것이다. 뱃머리가 오른쪽으로 돌면서 선체가 좌현 쪽으로 기울어지기 시작했다.

- 1 -

솔레노이드 고착으로 인해 타가 우현으로 큰 각도까지 돌아가더라도, 여객선 복원성 기준의 하나인 선회에 의한 횡경사가 10도 미만의 복원력을 확보하였던 배라면 좌현으로 작은 각도만 기울었다가 되돌아올 수 있다. 그러나 세월호는 몇 십 초 정도의 짧은 시간 동안 좌현으로 45도 이상 크게 기울어졌다. 선체조사위원회가 선체 인양 후 수거한 차량 블랙박스 영상과 음향을 분석하고 화물의 배치, 무게, 고박 상태를 조사한 결과, 배가 기울어지기 시작한 후 C갑판과 D갑판에 제대로 고박되어 있지 않던 화물이 이동하면서 배의 횡경사를 더 심화시킨 것으로 드러났다. 실제로 선체를 인양한 후 확인해보니 D갑판 앞부분에 고정식 고박 장치가 전혀 없었다. 해양 자문 및 감정 업체 브룩스벨(Brookes Bell)의 분석에 따르면 세월호가 좌현으로 18도에서 20도 정도 기울었을 때 일부 화물이 미끄러지기 시작했고, 잠시 후 대규모로 화물이 이동하면서 배가 45도 이상으로 빠르게 기울었다. 솔레노이드 고착으로 우현 방향 급선회가 시작되었을 때 복원성이 좋지 못한 배가 20도 가까이 기울었고, 이때부터 화물이 이동하기 시작하여 배는 회복할 수 없을 정도로 크게 기운 것이다. 세월호는 출항 당시에 이미 복원성 기준을 여럿 위반한 상태였다. 제대로 고박하지 않은 화물들을 화물칸에 가득 채우느라 평형수를 덜 넣은 탓이다. 출항 이후 청수와 연료유를 사용하면서 배의 무게가 가벼워지고 자유표면효과가 발생해 배의 복원성은 더 나빠졌다.

선체조사위원회는 네덜란드 해양연구소 마린(MARIN)에 의뢰하여 모두 세 차례에 걸쳐 자유항주 모형시험을 실시했다. 복원성, 타각, 화물 이동, 초기 속도, 트림, 외력 등 다양한 요소들이 어떻게 결합하여 배의 선회와 횡경사를 만들어낼 수 있는지 세월호를 25분의 1로 축소한 모형 배를 통해 구현해보는 시험이었다. 마린의 1차와 2차 모형 시험은 부족한 복원성 조건(선체의 구조, 높은 무게 중심, 화물 적재, 평형수, 자유표면효과, 흘수, 트림 등)과 타의 움직임 및 화물 이동의 조합으로 세월호의 선회와 횡경사를 설명할 수 있음을 보여주었다.

- 2 -

한편, 선체조사위원회는 세월호가 침몰 전후로 외부 물체와 부딪쳤을 가능성이 있는지를 분석하였다. 브룩스벨의 외부 손상 조사에서는 외부 물체에 의한 손상의 흔적이 발견되지 않았다. 선체조사위원회 자체조사 및 용역과제에서도 외력에 의한 선체 외판 변형의 증거 또는 좌현 하부 탱크의 파공을 발견하지 못했다. 외부 물체와 부딪쳤을 가능성이 있다는 의문이 제기된 좌현 핀 안정기에 대해서 선체조사위원회는 외력 검증 TFT를 구성하여 별도의 조사를 실시하였다. 최대 작동 각도 이상으로 돌아가 있는 핀 안정기의 변형이 세월호가 침몰할 때 해저면에 닿으면서 생긴 것인지 아니면 외부 물체가 핀 안정기를 선미에서 선수 방향으로 추돌하면서 생긴 것인지를 검증하기 위한 구조 해석 등을 실시하였다. 외력 검증 TFT는 두 가지 핀 안정기 변형 시나리오 중 어느 쪽이 더 타당한지에 대한 결론을 내리지는 않았다. 마린은 3차 모형시험에서 좌현 핀 안정기에 작용한 외력을 통해 세월호의 사고 당시 선회와 횡경사를 설명할 수 있다는 가설의 근거를 찾지 못했다고 보고했다.

둘째, 세월호는 어떻게 가라앉았는가?

세월호는 8시 51분경 주기관이 완전 정지했고 57분경부터 관성력을 잃고 북쪽으로 표류하기 시작했다. 배가 기울면서 좌현의 개구부가 해수면에 가까워지기 시작했다. 배가 좌현 45도 정도로 기울자 바닷물이 안으로 들어왔다. 선체조사위원회는 세월호의 침수 및 침몰 과정을 보다 과학적이고 합리적인 방법으로 분석하기 위해 마린에 의뢰해 컴퓨터 모의실험과 모형시험을 진행했다. 초기 침수 지점은 C갑판 좌현 외판으로 뚫려 있는 루버 통풍이었다. 이 통풍구와 연결된 통풍 트렁크를 통해 E갑판 기관장비 구획의 좌현 핀 안정기실이 침수되었다. 배가 45도 이상 기울자 파손된 C갑판 창문, 선미 타폴린 등을 통해 많은 양의 바닷물이 배 안으로 들어왔다. C갑판으로 유입된 물이 차량이동용 경사로의 열려있던 풍우밀문을 따라 D갑판으로 들어가고 선박 상부 객실 갑판들에 물이 차면서 배가 빠르게 기울었다. 대부분의 승객들이 머물던 A갑판과 B갑판은 물의 흐름을 막아줄 격벽이 거의 없는 열린 구조였기

- 3 -

때문에, 이 구역은 불과 15-20 분 안에 대단히 빠르게 침수되었다. 침수가 시작된 지 약 100 분 후 세월호는 침몰했다.

좌현 45 도의 횡경사가 참사로 이어질 필연적인 이유는 없었다. 한국선급 규정에 따르면 모든 선박은 침수 가능 구획을 적절한 단위의 수밀 구획으로 나누고, 그 사이를 물이 통할 수 없는 수밀문으로 만들어 관리해야 한다. 그러나 세월호에서는 선내 수밀 구획에 대한 관리를 제대로 하지 않았다. 선체조사위원회의 현장 조사 결과 세월호의 수밀문은 대부분 열려 있었다. 선원들의 진술에 따르면 수밀문을 항상 열어 놓은 상태로 항해하였고, 그에 대한 관리도 제대로 하지 않았다. 사고 당일에도 선원들은 침수 초기에 기관장비 구획에서 탈출하면서 수밀문을 닫아야 한다는 생각을 하지 않았다. 이는 4 월 16 일의 사고가 참사로 이어지는 핵심적인 연결고리였다.

선체조사위원회와 마린은 수밀 구획 관리가 침수 및 침몰 과정에 미치는 영향을 확인하기 위해 침수 실험을 시행했다. 실험 결과, 수밀문이 모두 닫혀 있었다면 세월호는 좌현 65 도 정도의 횡경사를 유지한 채 더 오랜 시간 동안 떠 있을 수 있었다고 판단된다. 이는 승객의 탈출 시간을 더 확보할 수 있었음을 시사한다. 하지만 수밀문이 열려 있던 세월호는 65 도 이상으로 더 기울었고, 그때부터 배는 더 빠르게 침수되어 최종적으로 침몰에 이르렀다.

세월호선체조사위원회 종합보고서 제1권 침몰원인('가' 안) 요약문

[권영빈 제1소위원장 010-8924-7210]

첫째, 세월호는 어떤 상태에서 출항하였는가?

2012년 10월 청해진해운은 일본에서 세월호를 들여와 'C.C조선'에서 승객이 머무는 여객실을 증설하고 선수 우현 램프를 없애는 증·개축하였다. 세월호는 증·개축 공사 후 선박자체의 복원성을 측정하기 위해 한국선급의 입회하에 2013년 1월 24일 경사시험(복원성 시험)을 받았고 이를 토대로 '완성복원성계산서'를 작성했다. 세월호의 경하중량은 6,113톤, 무게중심은 11.777m로 측정됐다.

하지만 경사시험이 완료된 이후에도 청해진해운은 2013년 2월 16일까지 개조공사를 진행하면서 경사시험 시 예상되었던 것보다 선교갑판 선미 쪽 전시실 내부에 인테리어용 대리석 37톤을 추가 설치하였다. 여기에 더해, 한국선급에서는 선수·선미 흘수선을 잘못 보정하는 계산 오류(63톤 과소 산정)를 범했고, 인양 후 선체조사위는 19톤의 추가 탑재물이 있었음을 발견했다. 이로 인해 세월호의 경하중량은 6,232톤, 무게중심은 11.912m로 바뀌었다. 한국선급이 승인한 수치보다 경하중량은 119톤 늘었고, 무게중심은 13.5cm 높아졌다.

평형수는 컨트롤 판넬에 표시된 탱크 눈금과, 선원들의 진술 그리고 CN-235 항공기로 촬영된 열영상 등을 종합적으로 확인하여 추정되었다. 그 중 '고정 밸러스트'로 불리며, 항상 채우고 다녔다고 진술된 2, 4, 5번 탱크에 대해 열영상 사진을 통해 분석하였다. 그 결과 비어 있는 것으로 보인 4번은 배가 기울어지면서 통풍관으로 일부 평형수가 빠져나갈 수 있기 때문에 만재된 것으로 간주하였다.

추가적으로 화물 중량과 분포, 연료유, 청수량, 선미 트림 조건 등을 고려해 복원성 계산 프로그램인 NAPA를 이용해 최종 계산된 배수량은 출항 시 9,887톤, 사고당시 9,780톤으로 계산되었으며, G_0M 값은 출항 당시 0.71 m, 사고 당시

- 1 -

0.59 m로 계산되었다. 4번 평형수가 60% 적재한 상태에서 경사시험을 수행하여, 경하상태에서의 KG값이 작게 계산되었다는 주장이 있지만, 이는 IMO 규정을 어긴 것은 아니며 자유표면효과를 제대로 고려하였기 때문에 KG 계산에는 문제가 없다. 또한, 4번과 5번 평형수탱크는 통풍관의 위치가 탱크의 상면에서 약 5cm 하부에 위치하여 만재 시에도 에어포켓이 형성됨으로써 자유표면 효과가 발생할 수 있다는 주장이 있다. 하지만, 평형수탱크의 만재시 통풍관을 통해서 평형수가 외부로 배출될 때까지 채우기 때문에, 탱크 상단의 에어포켓이 압축되어 98%이상 채워지게 된다. 또한, 탱크 상단 종 보강재 사이에 자유표면이 형성되기 때문에, 실제로 발생하는 자유표면 효과는 무시할 수 있다.

한편, 계산된 G_0M 값은 각종 탱크 중량, 화물 중량, 경하 중량 등의 추정치를 바탕으로 계산된 값이기 때문에 다른 조사와의 교차 검증이 필요하다. 블랙박스의 쇠사슬 기울기 분석을 통해 세월호는 화물이동 없이 발생할 수 있는 횡경사 약 18도로 추정되며, 그 최대 횡경사 각도에서 10여초 머무는 순간에 화물이동이 시작되고 횡경사가 커지면서 연쇄적으로 최대 횡경사 47도에 다다른 것으로 확인되었다. 많은 MARIN 실험 결과를 분석한 결과 세월호의 사고 당시 G_0M은 약 0.55~0.56 m 정도였을 것으로 추정된다. 그 차이 0.03~0.04 m는 사고 당시 세월호에 실린 2210톤의 화물 중심이 약 0.42% 더 선수 방향에 있다고 가정하여도 쉽게 사리지는 정도로 미미한 차이라고 할 수 있다. 특히, 평평한 세월호의 선미 구조로 인해 G_0M은 선미 트림에 민감한 것이다.

이렇게 계산된 G_0M은 그다지 나쁘지 않다고 볼 수도 있다. 하지만, 선미 차량 램프 구역의 움푹 들어간 넓은 공간으로 인해 횡경사 10도가 넘으면 그 부위가 물에 잠기면서 복원력이 초기 복원력에 비해 현저히 낮아진다. 이는 선회 시 복원성을 떨어뜨리는 효과가 있다.

세월호는 여객선으로서 10가지 복원성 요건을 충족해야 하는데, 세월호는 출항 당시와 사고 시점에서 3가지 기준을 준수하지 못했다고 판단된다. 그 중 사고와 직접적으로 관련 있는 규정 위반은 선회 시 10도 이상 기울어지지 않도록 하는

- 2 -

조건으로, 이는 세월호의 복원정이 선회에 의한 횡경사에 취약했다는 점을 보여준다. 이는 앞서 언급한 독특한 선미 구조로 인한 것이다.

한편, 화물칸의 CCTV와 차량 블랙박스 영상을 통해 확인된 세월호의 고박상태는 좋지 않았다. 먼저 세월호의 화물고박배치도는 차량의 실제고박지점을 고려하지 않는 등 문제가 있는 상태로 승인되었다. 또한 그밖에도 화물고박배치도에 승인된 차량보다 초과 적재하였으며, 고박배치도에 정해진 고박 지점 수만큼 고박도 하지 않았다. 절반 이상의 차량에 고박장치가 체결되지 않았고, 타이어 접지 부분에 고임목을 둔 것이 전부였다. 고박을 한 경우에도 차량 1대당 2개의 고박장치만이 사용되었고 트럭 역시 충분히 튼튼하게 고박되지 못했다. 화물고박배치도에는 C갑판에는 트럭 적재 허용되지 않았는데 실제로는 트럭이 실렸고, 원래 화물을 실어서는 안 되는 경사로에도 차량이 7대 가량 실렸다. 또한 미승인 체인 고박장치를 사용하여 트럭과 중장비를 고박하기고 하고 컨테이너는 고박장치 없이 실리기도 하였다. 잡화, 컨테이너 등은 일반 로프를 이용하여 선체 구조물에 묶어 매는 등 승인된 방식으로 적재, 고박하지 않았다.

둘째, 어떻게 넘어졌는가?

사고 당시 상황

4월 16일 오전 7시 30분경 세월호가 매물도 동북쪽 2 마일 지점에 다다랐을 때 3등 항해사 박한결은 1등 항해사 강원식과 교대했다. 시야가 좋고 파도가 잔잔했기에 자동 조타모드로 항해하는 중이었다. 8시 20분경 박한결은 자동 조타에서 수동 조타로 전환했다. 선수 방위를 156도로 두고 맹골수도를 향하던 세월호는 선수 방위를 156도에서 136도로 변경했다. AIS 데이터상 세월호가 수동 조타로 변침한 것은 이곳이 처음이었다. 자동 조타모드로 항해할 때보다 훨씬 급격한 변침이었다. 맹골수도를 통과하는 동안 세월호는 좌현으로 변침했다.8시 39분에서 44분 세월호 선수 방위는 130도를 일정하게 유지하다. 137도로 변경되었고 8시 45분 세월호는 18노트 속력으로 선수 방위 135도를 유지하며 안정적으로 항해했다. 그리고 다시 1분 동안 선수 방위는 5도/분 선회율로 135도에서 140도로

- 3 -

바뀌었다.

AIS 데이터에 따르면 우현으로 급선회가 일어난 시간은 8시 48분부터 8시 50분까지다. 일정한 선수 방향을 유지하던 세월호는 8시 48분 44초부터 49분 13초까지 29초 동안 선수 방위가 우현으로 10도 급변(선회율 20도/분)하고 이어서 17초 동안 57도/분의 선회율로 150도에서 166도까지 변경된다. 그 후 8시 49분 37초부터 8시 49분 51초까지 불과 14초 동안 선수 방위는 180도에서 243도로 급변했다. 이 단계에서 세월호는 급격한 횡경사를 이뤘던 것으로 확인되었다. 8시 49분 58초 좌현 주기관이 정지되자 세월호의 속도는 11노트로 떨어진다. 세월호는 이미 45도 정도 기울어진 상태였다. 8시 50분 주기관이 완전 정지한 세월호는 북쪽으로 표류하며 9시 5분경 대지속력 1.6노트를 최저로 하여 다시 약 2노트까지 점차 빨라지다 침몰하였다.

AIS 항적과 횡경사
AIS 항적데이터에 따르면 8시 49분 40초 즈음에 선수방위가 184도→199도→213도→191도→229도로 바뀐 것으로 나타나는데 이는 다른 시간대에도 여러 곳에서 발견되는 생성시간 (Time stamp)의 오류로 판단된다. 즉, 위치정확도가 변하는 구간에서 생성시간과 수신시간이 꼬이는 상황이 자주 발생하는데, 이러한 현상은 생성시간의 보고주기가 수신시간과 일치하도록 보정하면 사라진다. 마찬가지로 이러한 보정을 통해 비정상적인 선수 방위는 순차적으로 증가하는 것으로 수정된다. 한편, 이를 대각도 횡경사로 인한 자이로 컴퍼스의 이상 현상(hunting 현상)으로 인한 것이라는 주장이 있지만, 45도 이상의 횡경사를 복합적으로 적용한 자이로 컴파스 실증 실험에서도 급격한 이상동작 현상 관찰되지 않아 자이로 컴파스의 이상 현상(hunting 현상)으로 인한 것은 아닌 것으로 판단된다.
AIS 항적을 수신시간 또는 보정된 생성시간을 기준으로 정렬하더라도 위치정확도가 바뀌는 구간에서의 위치 정보 꼬임 현상이 발견되며, 모형실험의 항적과 정확한 비교를 위해서는 적절한 보정이 필요했다. 보정 대상은 오차가 큰 (>10m), 즉 위치정확도(PA)=0인 점으로 국한하였으며, 상대적으로 정확도가 높은 GPS의 대지속도(SOG)와 대지 침로(COG)는 정보에, 그 전 위치정확도(PA)=1인

- 4 -

점에서의 위치 정보를 이용하여 보정하였다.

이렇게 위치정확도=0인 항적 데이터를 보정한 다음에는, DGPS 안테나 위치에서의 위치 정보를 선박의 선회와 횡경사를 고려해, 선박 중심위치 사이 상대 거리를 계산하고 선박 중심에서의 위치정보로 수정하였다. 이렇게 수정한 선박 중심에서의 항적도는 기존 항적도보다 조금 더 작은 선회반경을 가진다. 이는 세월호가 좌현으로 기울면서 우현으로 선회하다 보니, 안테나 위치에서의 횡방향의 두 움직임이 서로 상쇄되어 더 작은 선회율을 가진 곡선으로 나타나게 되었기 때문이다. 이렇게 보정한 세월호의 사고 당시 항적도를 이용하여 MARIN 실험결과와 비교하였다.

블랙박스 영상 분석

4월 16일 사고시간대의 영상이 녹화되어 있는 7대 블랙박스에 대해 KBS세월호특별취재팀의 영상편집기술을 활용하여 복원된 블랙박스 영상을 프레임 단위로 모두 추출한 후 재편집하는 방식으로 7대의 블랙박스 영상을 동기화하였다. 복원된 블랙박스 영상에 대한 분석 결과에 기초해 세월호의 화물 이동 과정을 보면, 세월호는 2014년 4월 16일 08:49:02~08:49:13경 선체가 한차례 좌현방향으로 기운 후 복원되었을 가능성이 높고, 08:49:22경부터 좌현 횡경사가 본격화되었을 가능성이 높다. 따라서 이 시점까지 본격적인 화물이동은 발생하지 않았을 것으로 추정한다. 서서히 기울던 세월호는 08:49:38~39경 좌현 약 18도에 이르렀다. 그리고 '기~익' 소음이 발생한 후 초당 약 3도 가량으로 급격히 기울어 08:49:49경 최대 약 47도에 이른 것으로 분석되었다. 08:49:43경부터 C갑판에서 본격화된 화물이동은 세월호가 약 30도가량 기운 이후다. 그리고 세월호가 최대로 기운 이후에도 다수의 차량이 본래의 위치에 고박된 채 그대로 남아있었음이 블랙박스 영상에서 관찰되었다.

조타장치

검찰과 중앙해양안전심판원은 조타수의 조타가 미숙하거나 부적절해 조타기를 우현 쪽으로 대각도로 돌리는 잘못을 저질렀다고 판단했으나 대법원은 조타기

장치의 고장이나 오작동 가능성을 배제할 수 없다고 결론냈다. 세월호를 인양한 뒤 선체조사위원회는 선미 타기실에 있는 2번(좌현) 타기 펌프의 파일럿 밸브가 중립 위치가 아니라 한쪽에 가깝게 밀린 상태에서 멈춰 있는 것을 발견하였다. 이것이 사고 원인과 어떻게 관련이 있을까?

세월호는 보통 타기 펌프를 두 대 모두 사용하여 인천항을 떠난 후, 선박 왕래가 분주한 지역을 벗어나고 항해가 본 궤도에 오르면 통상적으로 타기 펌프 한 대를 껐다. 4월 15일 오후 9시 인천항을 떠나면서 타기 펌프를 두 개 작동한 이후 누군가가 언제 타기 펌프 하나를 껐는지 확인되지 않는다. 사고 후 3등 항해사 박한결은 타기 정지 관련해서, 검경합수부 7차례 조사, 검찰 12차례 조사, 법정에서의 진술, 선조위 2차례 조사 등에서 단 한번 (펌프)정지버튼을 눌렀다고 진술했다. 더욱이 타기 정지 버튼은 커버로 덮여 있기 때문에, 3항사가 버튼 커버를 열면서까지 타기 정지 버튼을 눌렀다면 정지에 대한 진술이 일관되었을 것이다. 따라서 평소와 같이 사고 당시 3등항해사 박한결은 제주행 타기 펌프 1대만 사용했다고 보는 것이 타당하다.

반면, 이에 대한 다른 의견도 있다. 항해사들의 진술만으로는 당일 두 대를 모두 사용하였는지 아니면 제주행만을 사용하였는지 판단하기 어려운 것은 사실이더라도 당시 상황으로부터 두 대의 펌프를 사용하고 있었음을 유추할 수 있다. 만약 인천행 펌프의 솔레노이드 밸브 고착이 인천 출항 시 타기 두 대를 사용하는 과정에서 발생하였다면 그 즉시 조타 불능 상태가 되어 문제가 발생하였을 것이다. 하지만, 솔레노이드 밸브의 고착이 확인된 이상, 인천행 펌프는 분명히 사용되고 있었고 고착도 사고 당시에 발생했다고 판단하는 것이 합리적이다. 다만, 제주행 펌프도 함께 사용되었는지는 확인하기 어려우나 출항 당시 두 대의 펌프를 사용한 것은 분명하고, 굳이 제주행을 중간에 정지시켰을 가능성은 낮기 때문에 두 대 펌프 모두 사용한 것이 타당하다 (장범선 위원).

타기 펌프 사용에 대한 논란에도 불구하고 선조위 조사에서 인천행 타기 펌프의 솔레노이드밸브 고착이 확인된 것은 사실이다. 따라서, 참사 당시 인천행 타기 펌프 사용 중 솔레노이드밸브가 고착되었을 경우에 솔레노이드밸브 고착과 참사 당시 배의 침몰원인과의 연관성을 설명할 필요가 있다. 양현타기를 사용하다가 2번 타기가 5도에서 고착이 발생하는 경우 1번 펌프는 펌프 한 대를 사용하였을 때보다 더 큰 관성력을 받게 된다. 이로 인해 정상적인 상태에서는 발생할 수 없는 높은 압력을 유발할 것이며, 순간적으로 1번 타기에 높은 압력이 발생함으로써 그 유압을 견디지 못하고 브레이크 밸브 쪽으로 오일이 흐르게 된다. 이런 상황이 계속되면 2번 실린더에 작동유가 정상적으로 공급되는 정상상태에 이르지 못해, 타는 계속해서 우현 쪽으로 움직이게 될 수 있다.

이렇게 우현 전타가 발생한 후에는 타의 관성력은 사라지고 양현 타기는 정상적으로 양 실린더에 작동유를 공급하여 균형을 이루게 된다. 그 후 세월호가 좌현으로 기울게 되면 오히려 1번 타기에 중력이 더해져, 타는 양현 펌프가 작동하는 한, 좌현으로 서서히 돌아갈 수 있을 것이다. 하지만 이 모든 과정을 정확히 검증하기 위해서는 정밀한 동적 시뮬레이션과 사고 상황을 그대로 재현한 실험이 반드시 뒷받침되어야 할 것이다.

MARIN 모형실험

선조위가 의뢰하여 MARIN이 시행한 모형 시험과 시뮬레이션은 세월호의 선회와 횡경사에 대한 설명을 제시한다. 세월호가 우현으로 빠르게 선회하면서 좌현으로 넘어가게 된 것은 세월호의 복원성 특성과 타의 움직임이 조합된 결과일 수 있다. 실험 조건에 의하면 배에 일정 각도 이상의 타각이 주어졌을 때 화물 이동과 함께 배가 선회하는 동시에 기울어졌다. MARIN은 모형 시험에서 테스트한 모든 조건에서 세월호가 여객선 복원성에 대한 국제 규정(IMO MSC Intact Stability Code 2008)을 만족시키지 못했다고 지적한다. 이 규정에 따르면 여객선이 선회할 때의 횡경사는 10도를 초과하지 않아야 한다. 그러나 자유 모형 시험 결과는 사고 당시 세월호가 이런 규정을 충족하지 못했다는 사실을 보여준다. 가령 GM=0.45 m 조건으로 실시한 일부 테스트에서는 타각이 12도에서 15도 정도였을 때 배가 18도 이상으로 기울어졌다. 이와 같은 횡경사 각도는 국제 규정에서 허용하는 범위를 초과하는 것이다. 큰 각도의 조타 명령이 있었다고 해도

- 7 -

배가 국제 규정의 범위 내에서만 기울어졌다면 세월호 내의 화물은 이동하지 않았을 것이다. 또한 앞서 언급한 세월호의 움푹 패인 램프 주위 구조로 인해 최초 횡경사 이후에 복원성은 초기에 비해 현저히 떨어진다. 횡경사 10도와 30도 사이에서 복원 모멘트가 좋지 않은 세월호가 일단 10도 이상으로 기울자, 배는 쉽게 국제 규정 범위를 넘어 횡경사 18-20도에 도달했다.

구체적으로 모형실험 결과와 AIS 항적을 분석한 결과 실제 세월호는 300회가 넘는 어느 모형선 실험결과보다 더 급격한 선회를 그리고 있었다. 하지만 모형실험에서 고려하지 못한 조류의 영향을 고려하게 되면 모형실험에서의 항적이 실제 항적과 조금 더 가까워질 수 있음을 확인하였다. 그럼에도 불구하고 여전히 대지속도와 선회율(Rate of Turn, ROT)은 다른 경향을 보였다. 횡경사율(Rate of Heel, ROH)은 세월호가 급선회만으로 어느 정도의 횡경사가 발생하고, 화물이동이 어느 순간에 어떻게 이동하느냐에 따라 달라진다. 모형실험에서 선회로 인한 최대 횡경사가 어느 정도 지속된 상태에서 화물을 이동시킨 경우 횡경사율이 충분히 커질 수 있음을 확인하였다. 대지속도는 GPS 안테나 위치에서의 속도이다 보니 세월호가 선회하고 기움에 따라 횡방향 속도가 더해져서 AIS 항적에서는 더 빠르게 나타난 것으로 판단된다. 이를 기하학적 관계를 고려해 선박 중심에서의 속도로 보정하면 좀 더 실험과 유사해질 수 있음을 확인하였다. 한편, 항적에서의 최대 선수선회율은 약 초당 3.3 도로 매우 크게 나타났으나 모형실험에서의 최대 선수선회율은 초당 2.0도 정도에 그쳤다. 이에 대해서는 자이로 컴퍼스의 변속도 오차나 가속도 오차로 인한 세차운동으로 선수 방위각이 일시적으로 실제보다 몇 도 정도 더 커질 수 있는 것은 설명할 수 있으나 정확한 오차에 대해서는 추가 검토가 필요한 상황이다.

외력에 대한 검증

선조위는 외력에 의해 선체가 손상되었다는 여러 의혹을 검증하기 위해 자체 조사 및 용역 조사를 실시하였다. 선체 좌현 하부의 외판 변형 상태에 대해서는 3차원 계측된 외판 정보를 바탕으로 선체 변형 상태를 분석하였다. 구체적으로 선저, 선측, 선미 등의 도면과의 차이는 대부분 좌우 대칭으로 발생한 것으로 보

- 8 -

아 외력에 의해 생긴 것이 아니라, 선박을 건조할 때 발생한 오차이거나 운항 과정을 통해서 누적된 변형이라고 추정되었다.

한편, 좌현 핀 안정기는 최대 작동각도인 25도를 초과하여 양력(nose-up) 방향으로 50.9도 돌아간 상태였다. 핀 안정기의 분해 결과 핀 축 표면과 내부 보스(boss) 표면을 육안으로 검사하였을 때 양쪽 접촉면에서 핀이 회전할 때 발생한 것으로 보이는 원주방향의 긁힌 자국(scratch)을 발견되었다.

이에 대해 선체 착저 시 핀 안정기의 해저 지반 관입 시 받을 수 있는 비틀림 하중의 크기를 계산하였다. 이를 제조사의 열박음 공법의 비틀림 저항력을 계산하는 식의 값과 구조 해석에 의해 계산된 저항력과 비교해보니 착저 시 발생이 가능할 수 있음을 확인하였다. 하지만 해저 관입에 의한 회전과 침몰 전에 외력에 의한 회전, 어느 쪽이 더 타당한지에 대해 단정 지을 수 없었다. 이는 지반 관입시의 하중범위에 비해 슬라이딩이 가능한 하중이 근접하여 두 가지 시나리오에서 모두 소성변형 없이 축 슬라이딩이 가능한 수준으로 평가되었기 때문이다.

3차 MARIN 시험에서는 윈치를 이용해 모형선의 핀안정기에 윈치 각도, 윈치 깊이, 하중 크기, 지속시간을 바꿔가면서 실험을 우현 전타 상태에서 윈치 하중을 가하는 실험을 수행하였다. 실험 결과 가장 높은 선회율(ROT)은 초당 2.6~2.7도 정도로 외력 없이 실험한 최대 선회율에 비해 약 20-25% 이상 증가되는 것을 확인하였다. 기존의 약 300회의 모형시험조건으로도 이르지 못한 한계 선회율 (<2.0° /s)이 외력 조건 하에서 극복 가능함을 확인한 것으로 평가할 수 있는 부분이다. 외력으로 인해 선속이 감소되는 중간에 잠시 증가하고, 횡경사를 증가하는 과정에 잠시 감소하는 등 사고 당시 상황과 다른 현상이 발견되었다.

이상과 같이 세월호의 선수방위각과 변화 양상과 세월호의 횡경사율 변화 양상은 단순 내적 요인만으로 설명될 수 없는, 추가적인 외력이 작용했을 가능성을 배제하기 어려운 현상이라고 추정된다. 다만, 선속과 횡경사율에 대한 영향은 윈치 시스템의 한계로 인한 것이며 추가 연구가 필요한 부분이다. 또한, 직립된

- 9 -

세월호 선체 좌현 핀안정기실과 그 위쪽 데크스토어 내부의 대변형과 외부의 충돌흔적과 외력의 연관성에 대한 문제 제기도 있다.

반면 이에 대해 반대 의견도 있다. 3차 마린 모형실험 결과 핀안정기 후미에 가한 외력으로는 선회율(ROT)은 증가하였지만, 선속과 횡경사에는 실제와 다른 변화를 유발시켰다. 이는 핀안정기에 가한 외력이 선회율만 증가시키는 모멘트만 유발시키는 것이 아니라 선수 방향의 속도를 증가시키는 길이 방향의 힘과, 횡경사를 줄이는 방향의 모멘트도 함께 유발시켰기 때문이다. 기본적으로 구속없이 6자유도 운동을 하는 선박을 특정 부위에 하중을 가해 오로지 선수 선회만 가속화한다는 것은 매우 어렵다. 이러한 모멘트를 유발시키기 위해서는 크기는 같고 힘은 정반대인 짝힘이 동시에 가해져야만 가능하기 때문이다. 물론, 핀안정기 외에 좌현 선미 쪽의 파손 부위에 직접 힘이 가해졌을 가능성도 있다. 하지만 파손 부위의 함몰 부위가 깊고 넓지 않아 선수 선회율을 증가시킬 정도의 큰 힘이 가해졌다고 판단하기 어려우며, 설사 그 곳에 충격이 가해졌다 하더라도 마찬가지로 선속이나 횡경사에 영향 없이 선회율만 키울 가능성은 매우 낮다. 다만, 좌현의 핀안정기실 주변과 후미의 파손이 착저나 인양 중에 발생할 수 있음을 확인하는 직립된 세월호 선체의 추가 정밀 조사는 필요하다고 할 것이다 (장범선 위원)

셋째, 세월호는 어떻게 가라앉았는가?

세월호는 8시 50분경 주기관이 완전 정지했고 57분경부터 관성력을 잃고 북쪽으로 표류하기 시작했다. 배가 기울면서 좌현의 개구부가 해수면에 가까워지기 시작했다. 배가 좌현 45도 정도로 기울자 바닷물이 안으로 들어왔다. 선조위는 세월호의 침수 및 침몰 과정을 보다 과학적이고 합리적인 방법으로 분석하기 위해 마린에 의뢰해 컴퓨터 모의 실험과 모형 시험을 진행했다. 여러 차례의 시험을 통해 파악한 초기 침수 지점은 C 갑판 좌현 외판으로 뚫려 있는 루버 통풍구였다. 이 통풍구와 연결된 통풍 트렁크를 통해 E 갑판 기관장비 구획의 좌현 핀 안정기실이 침수되었다. 배가 45도 이상 기울자 파손된 C 갑판 창문, 선미 타폴린 등을 통해 많은 양의 바닷물이 배 안으로 들어왔다. C 갑판으로 유입된 물이 차량이동용 경사로의 열려있던 풍우밀문을 따라 D 갑판으로 들어가고 선박 상부 객실 갑판들에 물이 차면서 배가 빠르게 기울었다. 대부분의 승객들이 머물던 A 갑판과 B 갑판은 물의 흐름을 막아줄 격벽이 거의 없는 열린 구조였기 때문에, 이 구역은 불과 15-20 분 안에 대단히 빠르게 침수되었다. 침수가 시작된 지 약 100 분 후 세월호는 침몰했다.

좌현 45도의 횡경사가 참사로 이어질 필연적인 이유는 없었다. 한국선급 규정에 따르면 모든 선박은 침수 가능 구획을 적절한 단위의 수밀 구획으로 나누고, 그 사이를 물이 통할 수 없는 수밀문으로 만들어 관리해야 한다. 그러나 세월호에서는 선내 수밀 구획에 대한 관리를 제대로 하지 않았다. 선체조사위원회의 현장 조사 결과 세월호의 수밀문은 대부분 열려 있었다. 선원들의 진술에 따르면 수밀문을 항상 열어 놓은 상태로 항해하였고, 그에 대한 관리도 제대로 하지 않았다. 사고 당일에도 선원들은 침수 초기에 기관장비 구획에서 탈출하면서 수밀문을 닫아야 한다는 생각을 하지 않았다. 이는 4 월 16 일의 사고가 참사로 이어지는 핵심적인 연결고리였다.

선체조사위원회와 마린은 수밀 구획 관리가 침수 및 침몰 과정에 미치는 영향을 확인하기 위해 침수 실험을 시행했다. 실험 결과, 수밀문이 모두 닫혀 있었다면 세월호는 좌현 65 도 정도의 횡경사를 유지한 채 더 오랜 시간 동안 떠 있을 수 있었다고 판단된다. 이는 승객의 탈출 시간을 더 확보할 수 있었음을 시사한다. 하지만 수밀문이 열려 있던 세월호는 65도 이상으로 더 기울었고, 그때부터 배는 더 빠르게 침수되어 최종적으로 침몰에 이르렀다.

부록 5. 「세월호 선체조사위원회의 설치 및 운영에 관한 특별법」

세월호 선체조사위원회의 설치 및 운영에 관한 특별법 (약칭: 세월호선체조사위법)
[시행 2017. 3. 21.] [법률 제14734호, 2017. 3. 21., 제정]

해양수산부(세월호후속대책추진단) 044-200-6155

제1장 총칙

제1조(목적) 이 법은 2014년 4월 16일 전라남도 진도군 조도면 부근 해상에서 침몰한 여객선 세월호를 인양한 후 그 선체의 조사 등에 관한 사항을 규정함을 목적으로 한다.

제2조(정의) 이 법에서 사용하는 용어의 뜻은 다음과 같다.

1. "4·16세월호참사"란 2014년 4월 16일 전라남도 진도군 조도면 부근 해상에서 여객선 세월호가 침몰하여 다수의 희생자와 피해자가 발생한 사건을 말한다.
2. "희생자"란 4·16세월호참사 당시 세월호에 승선하여 사망하거나 수습되지 아니한 사람을 말한다.
3. "피해자"란 다음 각 목의 어느 하나에 해당하는 사람을 말한다.
   가. 4·16세월호참사 당시 세월호에 승선한 사람 중 희생자 외의 사람(세월호의 선원으로서 여객의 구조에 필요한 조치를 하지 아니하고 탈출한 사람은 제외한다)
   나. 희생자의 배우자·직계존비속·형제자매
   다. 가목에 해당하는 사람의 배우자·직계존비속·형제자매
4. "미수습자"란 4·16세월호참사 당시 세월호에 승선하여 수습되지 아니한 사람을 말한다.
5. "희생자가족대표"란 사단법인 "4·16세월호참사 진상규명 및 안전사회 건설을 위한 피해자 가족협의회"를 말한다.
6. "선체조사"란 4·16세월호참사의 사고 원인을 규명하기 위하여 실시하는 선체에 대한 각종 조사와 이와 관련한 과학적 추론을 말한다.

제2장 세월호 선체조사위원회의 구성과 운영

제3조(세월호 선체조사위원회의 설치) 세월호 선체를 조사하는 등의 업무를 수행하기 위하여 세월호 선체조사위원회(이하 "위원회"라 한다)를 둔다.

제4조(위원회의 독립성) 위원회는 그 권한에 속하는 업무를 수행할 때 정치적 중립성을 지키고 업무의 독립성과 객관성을 유지하여야 한다.

제5조(위원회의 업무) 위원회는 다음 각 호의 업무를 수행한다.

1. 인양되어 육상 거치된 세월호 선체조사
2. 세월호 선체 인양 과정에 대한 지도·점검
3. 미수습자 수습, 세월호 선체 내 유류품 및 유실물 수습과정에 대한 점검
4. 조사가 끝난 세월호 선체 처리(보존 검토를 포함한다. 이하 같다)에 관한 의견표명
5. 위원회 운영에 관한 규칙의 제정·개정에 관한 사항
6. 그 밖에 사고의 직접적인 원인 조사와 관련하여 위원회가 필요하다고 판단하는 사항

제6조(위원회의 구성 등) ① 위원회는 상임위원 3명을 포함한 8명의 위원으로 구성한다.

② 위원은 다음 각 호의 어느 하나에 해당하는 사람 중에서 국회가 선출하는 5명[대통령이 소속되거나 소속되었던 정당의 교섭단체가 2명(상임위원 1명을 포함한다), 그 외 교섭단체와 비교섭단체가 3명(상임위원 1명을 포함한다)], 희생자가족대표가 선출하는 3명(상임위원 1명을 포함한다)을 대통령이 임명한다. 다만, 제1호 및 제2호에 해당하는 사람이 전체 위원의 3분의 2 이상이 되도록 하여야 한다.

1. 선박 설계 · 건조 · 항해 · 기관 분야에 5년 이상 종사한 사람
2. 해양사고 조사 및 구조 관련 분야에 5년 이상 종사한 사람
3. 판사 · 검사 · 군법무관 또는 해사분야 변호사의 직에 5년 이상 재직한 사람
4. 대학에서 교수의 직에 5년 이상 재직한 사람
5. 그 밖에 제1호부터 제4호까지의 요건에 상응하는 경력을 가진 사람
③ 위원장 1명과 부위원장 1명은 상임위원 중에서 위원회의 의결로 선출한다.
④ 위원장과 부위원장을 포함한 상임위원은 정무직공무원으로 보한다.
⑤ 위원장과 부위원장 및 위원의 임기는 위원회 활동기간 종료 시까지로 한다. 다만, 위원회의 활동기간이 연장되는 경우 연장되는 활동기간만큼 그 임기가 연장되는 것으로 본다.
⑥ 임기 중 위원이 결원된 경우 해당 위원의 선출권자는 결원된 날부터 30일 이내에 후임자를 선출하여야 하고, 대통령은 선출된 사람을 즉시 임명하여야 한다.

제7조(위원회의 활동기간) ① 위원회는 최초로 제25조에 따라 위원회가 결정한 조사개시일부터 6개월 이내에 활동을 완료하여야 한다. 다만, 이 기간 이내에 활동을 완료하기 어려운 경우에는 위원회의 의결로 한 차례만 활동기간을 4개월 이내에서 연장할 수 있다.
② 제1항에도 불구하고 다음 각 호의 어느 하나에 해당하는 경우에는 위원회의 활동기간을 세월호 선체가 인양되어 육상 거치된 날부터 4개월이 되는 날까지로 한다. 이 경우 활동기간의 연장은 위원회의 의결을 요하지 아니한다.
1. 제1항에 따른 위원회 활동기간 내에 세월호 선체가 인양되어 육상 거치가 완료되지 아니한 경우
2. 세월호 선체 인양이 완료된 날부터 4개월 이내에 제1항에 따른 위원회의 활동기간이 종료되는 경우

제8조(위원장의 직무) ① 위원장은 위원회를 대표하며 위원회의 업무를 총괄한다.
② 위원장이 부득이한 사유로 직무를 수행할 수 없는 때에는 부위원장, 위원장이 미리 지명한 상임위원의 순으로 그 직무를 대행한다.
③ 위원장은 그 소관 사무에 관하여 대통령에게 의안 제출을 건의할 수 있다.
④ 위원장은 위원회의 예산 관련 업무를 수행할 때 「국가재정법」 제6조제3항에 따른 중앙관서의 장으로 본다.

제9조(위원의 직무상 독립과 신분보장) ① 위원은 외부의 어떠한 지시나 간섭을 받지 아니하고 독립하여 그 직무를 수행한다.
② 위원은 다음 각 호의 어느 하나에 해당하는 경우를 제외하고는 그 의사에 반하여 면직되지 아니한다.
1. 신체 또는 정신상의 장애로 직무수행이 현저히 곤란하게 된 경우
2. 금고 이상의 형의 선고가 확정된 경우
③ 제2항제1호의 경우에는 재적위원 3분의 2 이상의 찬성에 의한 의결로 퇴직하게 할 수 있다.

제10조(위원의 겸직금지 등) ① 상임위원은 재직 중 다음 각 호의 어느 하나에 해당하는 직을 겸하거나 업무를 할 수 없다.
1. 다른 국가기관 또는 지방자치단체의 공무원(교육공무원은 제외한다)
2. 그 밖에 위원회의 규칙으로 정하는 직 또는 업무
② 위원은 정치활동에 관여할 수 없다.

제11조(위원의 결격사유) ① 다음 각 호의 어느 하나에 해당하는 사람은 위원이 될 수 없다.
1. 「국가공무원법」 제33조 각 호의 어느 하나에 해당하는 사람
2. 정당의 당원
3. 「공직선거법」에 따라 실시하는 선거에 후보자(예비후보자를 포함한다)로 등록한 사람
4. 4 · 16세월호참사에 직접적 · 간접적인 원인을 제공한 사람으로 조사대상에 해당하는 사람
② 위원이 제1항 각 호의 어느 하나에 해당하게 된 때에는 당연히 퇴직한다.

제12조(위원의 제척·기피·회피) ① 위원은 본인 또는 그 배우자나 배우자이었던 자가 조사대상자와 친족(「민법」 제777조에 따른 친족을 말한다) 관계에 있거나 있었던 경우에는 조사대상자와 관련된 사항의 심의·의결에서 제척된다. 다만, 피해자가 조사대상자인 경우는 그러하지 아니하다.

② 조사대상자 및 조사신청자는 위원에게 심의·의결의 공정성을 기대하기 어려운 사정이 있는 경우 위원회에 위원의 기피를 신청할 수 있다. 이 경우 위원회는 기피신청이 타당하다고 인정하는 때에는 기피의 결정을 한다.

③ 기피신청의 대상이 되는 위원은 제2항에 따른 결정에 관여하지 못한다.

④ 위원 본인은 제1항 또는 제2항의 사유에 해당한다고 판단하는 경우에는 스스로 위원회의 심의·의결을 회피할 수 있다.

제13조(회의 의사 및 의결정족수) 위원회의 회의는 위원장이 주재하며, 이 법에 특별한 규정이 없으면 재적위원 과반수의 출석과 출석위원 과반수의 찬성으로 의결한다.

제14조(의사의 공개) ① 위원회의 의사는 공개한다. 다만, 위원회는 필요하다고 인정하는 경우 의사를 공개하지 아니할 수 있다.

② 제1항에 따른 공개는 회의록 공개, 회의장 방청, 방송 또는 인터넷을 통한 중계 등의 방식으로 한다.

③ 의사의 공개에 필요한 사항은 위원회의 규칙으로 정한다.

제15조(위원회의 정원 등) ① 위원회에 두는 위원을 제외한 직원의 정원은 50명 이내에서 위원회의 의견을 들어 대통령령으로 정한다.

② 이 법에서 규정된 사항 외에 위원회의 조직에 관하여 필요한 사항은 위원회의 의견을 들어 대통령령으로 정하고, 위원회의 운영에 필요한 사항은 위원회의 규칙으로 정한다.

제16조(소위원회의 설치) ① 위원회는 그 업무 중 일부를 분담하여 수행하게 하기 위하여 다음 각 호의 소위원회를 둔다.

1. 선체·유류품·유실물 조사 및 미수습자 수습 소위원회
2. 선체 처리 소위원회

② 소위원회의 위원장은 상임위원 중에서 위원장이 지명하며, 부위원장이 소위원회 위원장을 겸할 수 있다.

③ 소위원회의 위원장은 위원장의 지휘를 받아 해당 소위원회의 업무를 관장하고 소속 직원을 지휘·감독한다.

④ 소위원회의 회의 의사 및 의결정족수에 관하여는 제13조를 준용한다.

⑤ 이 법에서 규정된 사항 외에 소위원회의 조직 및 운영에 필요한 사항은 위원회의 규칙으로 정한다.

제17조(자문기구의 설치) ① 위원회 및 소위원회는 그 업무수행에 필요한 사항의 자문을 위하여 자문기구를 둘 수 있다.

② 제1항에 따른 자문기구의 구성원은 위원회의 의결을 거쳐 위원장이 위촉한다.

③ 이 법에서 규정된 사항 외에 자문기구의 조직 및 운영에 필요한 사항은 위원회의 규칙으로 정한다.

제18조(사무처의 설치) ① 위원회의 사무를 처리하기 위하여 위원회에 사무처를 둔다.

② 사무처에는 사무처장 1명과 필요한 직원을 두며, 사무처장은 별정직 고위공무원단에 속하는 공무원으로 한다.

③ 사무처의 직원 중 3급 이상의 공무원은 위원회의 심사를 거쳐 위원장의 제청으로 대통령이 임명하고, 4급이나 5급 또는 6급 이하의 공무원은 위원회의 심사를 거쳐 위원장이 임명한다.

④ 사무처장은 위원장의 지휘를 받아 사무처의 사무를 관장하고 사무처의 소속 직원을 지휘·감독한다.

제19조(직원의 신분보장) ① 위원회 직원은 형의 확정이나 징계처분에 의하지 아니하고는 그 의사에 반하여 퇴직·휴직·강임 또는 면직을 당하지 아니한다.

② 위원회 직원 중 파견공무원을 제외한 소속 직원은 위원회가 활동을 존속하는 기간 동안 「국가공무원법」에 따른 별정직 공무원으로 본다.

제20조(징계위원회) ① 위원회 직원에 대한 징계처분을 의결하기 위하여 위원회에 징계위원회를 둔다.

② 징계위원회의 구성·권한·심의절차, 징계의 종류·효력, 그 밖에 징계에 필요한 사항은 위원회의 규칙으로 정한다.

제21조(공무원 등의 파견) ① 위원장은 위원회의 업무 수행을 위하여 필요하다고 인정하는 경우에는 국가기관, 지방자치단체, 「공공기관의 운영에 관한 법률」 제4조에 따른 공공기관(이하 "국가기관등"이라 한다)에 소속 공무원이나 직원의 파견근무 및 이에 필요한 지원을 요청할 수 있다. 이 경우 파견요청 등을 받은 국가기관등의 장은 업무수행에 중대한 장애가 있음을 소명하지 아니하면 30일 내에 협조하여야 한다.
② 제1항에 따라 위원회에 파견된 공무원 또는 직원은 그 소속 국가기관등으로부터 독립하여 위원회의 업무를 수행한다.
③ 제1항에 따라 공무원이나 직원을 파견한 국가기관등은 그 공무원이나 직원에 대하여 인사상 불리한 조치를 하여서는 아니 된다.
④ 국가기관등은 위원장의 파견 철회 요청이 있을 때에는 이에 따라야 한다.
⑤ 국가기관등 파견 공무원 또는 직원의 수와 배치 등에 관한 사항은 위원회의 의견을 들어 대통령령으로 정한다.

제3장 세월호 선체조사위원회의 진상규명조사

제22조(선체 등 정밀조사) 위원회는 직권으로 세월호 선체와 유류품 및 유실물에 대한 정밀조사를 수행하여야 하며, 조사를 수행함에 있어 피해자의 신청으로 제5조의 업무와 관련한 조사를 할 수 있다.

제23조(조사신청) ① 제22조에 따른 신청(이하 "조사신청"이라 한다)은 다음 각 호의 사항을 기재한 문서로 하여야 한다. 다만, 문서에 의할 수 없는 특별한 사정이 있는 경우에는 구술로 할 수 있다.
1. 신청인의 성명과 주소
2. 신청 취지와 신청의 원인이 된 사실
② 조사신청의 절차와 방법 등에 필요한 사항은 위원회의 규칙으로 정한다.

제24조(각하결정) ① 위원회는 조사신청이 다음 각 호의 어느 하나에 해당하는 경우에는 해당 사안을 조사하지 아니하고 각하한다.
1. 조사신청이 위원회의 조사대상에 속하지 아니하는 경우
2. 조사신청 내용이 그 자체로서 명백히 거짓이거나 이유 없다고 인정되는 경우
3. 위원회가 각하한 조사신청과 동일한 사실에 관하여 조사신청한 경우. 다만, 신청인이 종전의 조사신청에서 제출되지 아니한 중대한 소명자료를 제출하는 경우에는 그러하지 아니하다.
② 위원회는 제25조제1항에 따른 조사개시 결정 후에도 조사신청이 제1항 각 호의 어느 하나에 해당하는 경우 조사신청을 각하한다.

제25조(조사의 개시) ① 위원회는 위원회의 의결로 조사개시 결정을 한다.
② 위원회는 필요한 경우 조사개시 결정 전에 30일 이내의 범위에서 조사개시 결정을 위한 사전조사를 할 수 있다.

제26조(조사의 방법) ① 위원회는 다음 각 호의 어느 하나에 해당하는 방법으로 조사 수행을 할 수 있다.
1. 선체 및 유실물, 유류품에 대한 검증 및 검증의뢰
2. 감정인의 지정 및 감정의뢰
3. 조사대상자 및 참고인에 대한 진술서 제출요구
4. 조사대상자 및 참고인에 대한 출석요구 및 진술청취
5. 조사대상자 및 참고인, 그 밖의 관계 기관·시설·단체 등에 대하여 제5조에 따른 위원회 업무에 필요하다고 인정되는 자료 또는 물건의 제출요구
6. 제5호에 따라 제출된 자료 또는 물건에 대한 조사
7. 관계 기관·시설·단체 등에 대한 사실조회
8. 위원회 업무 수행을 위하여 출입이 필요하다고 인정되는 장소에 출입하여 장소, 시설, 자료나 물건에 대한 실지조사
② 위원회가 제1항에 따른 요구 등의 조치를 하는 경우 이를 요청 받은 자는 지체 없이 이에 응하여야 한다.

③ 위원회가 제1항제4호에 따라 진술을 청취하는 경우「형사소송법」제147조부터 제149조까지 및 제244조의3을 준용한다.

④ 위원회가 제1항제5호에 따라 자료 또는 물건의 제출요구를 하는 경우「형사소송법」제110조부터 제112조까지, 제129조부터 제131조까지 및 제133조를 준용하되, 자료 또는 물건의 제출을 거부하는 경우 그 사유를 구체적으로 소명하여야 한다.

⑤ 위원회는 필요하다고 인정하는 경우 위원 또는 직원으로 하여금 제1항 각 호의 조치를 하게 할 수 있다.

⑥ 위원회가 제1항에 따른 권한을 행사하는 경우 그 권한을 행사하는 위원 또는 직원은 그 권한을 표시하는 증표를 지니고 이를 관계인에게 제시하여야 한다.

제27조(출석요구) ① 위원회가 조사에 필요하다고 인정할 때에는 조사대상자 또는 참고인의 출석을 요구할 수 있다.

② 조사대상자 또는 참고인에게 출석요구를 할 때에는 출석요구서를 발급하여야 한다.

제28조(동행명령) ① 위원회는 제27조에 따른 출석요구를 받은 사람 중 위원회의 조사에 관한 결정적 증거자료를 보유하거나 정보를 가진 것으로 인정되는 사람이 정당한 사유 없이 2회 이상 출석요구에 응하지 아니하는 때에는 위원회의 의결로 동행할 것을 명령하는 동행명령장을 발부할 수 있다.

② 제1항에 따른 동행명령장에는 대상자의 성명·주거, 동행명령을 하는 이유, 동행할 장소, 발부연월일, 그 유효기간과 그 기간을 경과하면 집행하지 못하며 동행명령장을 반환하여야 한다는 취지와 동행명령을 받고 거부하면 과태료를 부과한다는 취지를 기재하고 위원장이 서명·날인하여야 한다. 대상자의 성명이 분명하지 아니한 때에는 인상, 체격, 그 밖에 대상자를 특정할 수 있는 사항으로 표시할 수 있으며 주거가 분명하지 아니하는 때에는 주거기재를 생략할 수 있다.

③ 동행명령장의 집행은 동행명령장을 대상자에게 제시함으로써 한다.

④ 동행명령장은 위원회의 직원으로 하여금 이를 집행하도록 한다.

⑤ 교도소 또는 구치소(군교도소 또는 군구치소를 포함한다)에 수감 중인 대상자에 대한 동행명령장의 집행은 위원회 직원의 위임에 의하여 교도관리가 행한다.

⑥ 현역 군인인 대상자가 영내에 있을 때에는 소속 부대장은 위원회 직원의 동행명령장 집행에 협력할 의무가 있다.

제29조(고발 및 수사요청) ① 위원회는 조사 결과 조사한 내용이 사실임이 확인되고 범죄혐의가 있다고 인정되는 경우 검찰총장에게 고발하여야 한다. 다만, 피고발인이 군인 또는 군무원인 경우에는 피고발인이 소속된 군 참모총장이나 국방부장관에게 고발하여야 한다.

② 위원회는 조사과정에서 범죄혐의에 대하여 상당한 개연성이 있다고 인정할 경우 수사기관에게 수사를 하도록 요청할 수 있다.

③ 검찰총장은 위원회로부터 고발받은 사건의 수사와 공소제기 및 공소유지를 담당할 검사를 지명하고, 그 검사가 공정하고 중립적으로 수사하는 데 필요한 조치를 취하여야 한다.

④ 위원회는 법무부장관에게 고발하거나 수사요청한 사람에 대하여 출국을 금지하거나 정지할 것을 요청할 수 있다.

제30조(수사 및 재판 기간 등) ① 위원회가 고발한 사건의 수사 및 재판은 다른 사건에 우선하여 신속히 하여야 한다. 위원회가 고발한 사건의 수사는 고발한 날부터 3개월 이내에 종결하여야 하고, 그 판결의 선고는 제1심에서는 공소제기일부터 6개월 이내에, 제2심 및 제3심은 전심의 판결선고일부터 각각 3개월 이내에 하여야 한다.

② 제1항의 경우「형사소송법」제361조, 제361조의3제1항·제3항, 제377조 및 제379조제1항·제4항의 기간은 각각 7일로 한다.

제31조(감사원에 대한 감사요구) ① 위원회는 조사 결과「국가공무원법」과 그 밖의 법령에서 규정하고 있는 징계 사유가 있다고 인정하는 공무원에 대하여 위원회의 의결로 감사원에 감사를 요구할 수 있다. 이 경우 감사원은 감사요구를 받은 날부터 3개월 이내에 감사결과를 위원회에 통보하여야 한다.

② 감사원은 특별한 사유로 제1항의 기간 이내에 감사를 마치지 못하였을 때에는 위원회에 중간보고를 하고 감사기간의 연장을 요청할 수 있다. 이 경우 위원장은 2개월의 범위에서 감사기간의 연장에 동의할 수 있다.

제32조(검증) ① 위원회는 이 법에 따른 조사에 필요한 경우 자료 또는 물건에 대한 검증을 실시할 수 있다.

② 제1항 및 제26조제1항제1호에 따라 검증을 하는 경우 위원장은 검증의 대상이 되는 자료 또는 물건의 관리자(국가기관등의 경우 그 기관의 장을 말한다)에게 검증실시통보서를 발부한다. 이 경우 검증실시통보서는 검증일 3일 전까지 송달되어야 한다.

③ 제2항에 따른 검증실시통보서에는 검증을 실시할 위원과 검증의 목적, 대상, 방법, 일시 및 장소, 그 밖에 검증에 필요한 사항을 기재하여야 한다.

④ 국가기관에 대하여는 「국회에서의 증언·감정 등에 관한 법률」 제4조제1항을 준용한다.

⑤ 제2항에 따른 검증실시통보서의 송달에 관하여는 「민사소송법」의 송달에 관한 규정을 준용한다.

제33조(조사) 위원회는 조사에 필요하다고 인정할 때에는 조사대상자 또는 참고인을 조사할 수 있다.

제4장 보칙

제34조(국가기관등의 협조의무) 국가기관등은 위원회의 요청이 있는 경우 조사에 필요한 편의제공 등을 포함한 업무수행에 적극 협조하여야 한다.

제35조(업무의 위임·위탁 등) ① 위원회는 필요하다고 인정하는 경우 그 업무 중 일부를 국가기관등과 전문가 또는 민간단체에게 위임·위탁하거나 공동으로 수행할 수 있다.

② 제1항에 따른 위임·위탁 및 공동수행에 필요한 사항은 위원회의 규칙으로 정한다.

제36조(비밀준수 의무) 위원회의 위원 또는 위원이었던 자, 위원회 직원 또는 직원이었던 자, 자문기구의 구성원 또는 구성원이었던 자, 감정인 또는 감정인이었던 자, 위원회의 위임·위탁 등에 따라 조사에 참여하거나 위원회의 업무를 수행한 전문가 또는 민간단체와 그 관계자는 위원회의 직무상 비밀을 누설하거나 위원회의 직무수행 외의 목적을 위하여 이용하여서는 아니 된다.

제37조(자격사칭의 금지) 누구든지 위원회의 위원·직원 또는 자문기구의 구성원의 자격을 사칭하거나 위원회의 업무를 위임·위탁 및 공동수행한다고 사칭하여 위원회의 권한을 행사하여서는 아니 된다.

제38조(위원회 활동의 보호 등) ① 누구든지 직무를 집행하는 위원·직원 또는 자문기구의 구성원이나 감정인에 대하여 폭행 또는 협박하거나 위계로써 그 직무수행을 방해하여서는 아니 된다.

② 누구든지 위원회에 조사와 관련하여 정보를 제공하였거나 제공하려 했다는 이유로 해고, 정직, 감봉, 전보 등 어떠한 불이익 처우도 받아서는 아니 된다.

③ 위원회는 증인·감정인·참고인을 보호하기 위한 대책과 관련 자료 또는 물건을 확보하고 그 인멸을 방지하기 위한 대책을 강구하여야 한다.

④ 위원회는 조사에 중요한 증언·진술을 하거나 자료 또는 물건을 제출한 사람에게 보상금 지급, 사면 건의 등의 방법으로 지원할 수 있다.

⑤ 제4항에 따른 지원의 내용과 절차, 그 밖의 필요한 사항은 위원회의 규칙으로 정한다.

제39조(조사대상자 등의 보호) ① 누구든지 조사대상자나 참고인의 신원 또는 조사내용을 신문·잡지·방송(인터넷 신문 및 방송을 포함한다), 그 밖의 출판물에 의하여 공개하여서는 아니 된다.

② 제1항에도 불구하고 위원회는 위원회의 의결로 조사내용을 공개할 수 있다. 다만, 「공공기관의 정보공개에 관한 법률」 등 다른 법률에 따라 공개가 제한되는 경우와 사생활의 비밀이 침해될 우려가 있는 경우에는 그러하지 아니하다.

제40조(운송비·여비 등) 이 법의 규정에 따라 자료 또는 물건을 제출하거나 증언·감정·진술 등을 하기 위하여 위원회나 그 밖의 장소에 출석한 사람에게 위원회의 규칙으로 정하는 바에 따라 운송비·여비·일당·숙박료 등 필요한 비용을 지급한다.

제41조(공개에 따른 책임면제) 위원 또는 직원은 이 법의 규정에 따라 위원회가 공개한 내용에 관하여 고의 또는 과실이 없으면 민사상 또는 형사상의 책임을 지지 아니한다.

제42조(종합보고서의 작성과 제출 등) ① 위원회는 이 법에 따른 조사를 종료한 후 3개월 이내에 종합보고서를 작성하여 국회와 대통령에게 보고하여야 한다.
② 위원회는 필요하다고 인정하는 경우 제1항에 따른 종합보고서 외에 대통령에게 특별조사보고를 할 수 있다.
③ 제1항에 따른 종합보고서는 다음 각 호에 관한 내용을 포함하여야 한다.
1. 4·16세월호참사의 원인
2. 4·16세월호참사의 원인을 제공한 법령, 제도, 정책, 관행 등에 대한 개혁 및 대책 수립 관련 조치 권고
3. 4·16세월호참사에 대하여 책임 있는 국가기관등에 대한 시정 및 책임 있는 공무원에 대한 징계 등 조치 권고
4. 그 밖에 위원회가 진상규명한 사항에 대한 개선 조치 권고
④ 제3항 각 호에 따른 권고를 받은 국가기관등은 특별한 사유가 없으면 권고내용을 이행하여야 한다.
⑤ 제3항 각 호에 따른 권고를 받은 국가기관등은 제4항에 따른 권고내용의 이행내역과 불이행사유를 매년 국회에 보고하여야 한다.
⑥ 국회는 제5항에 따라 보고받은 이행내역이 미진하다고 판단하는 경우 국가기관등에게 개선을 요구하여야 한다.
⑦ 국가기관등이 정당한 사유 없이 제6항에 따른 개선요구에 응하지 아니하는 경우 국회는 책임 있는 공무원에 대한 징계를 요구할 수 있다.
⑧ 국회는 관련 법률을 제정하거나 개정하는 경우 특별한 사정이 없으면 제1항에 따른 종합보고서의 취지를 반영하여야 한다.
⑨ 위원회는 사무처 내에 제1항에 따른 종합보고서 작성을 위한 종합보고서 작성기획단을 설치하여 운영할 수 있다.
⑩ 위원회는 제1항에 따른 종합보고서 작성을 위하여 실태조사 및 연구를 시행할 수 있다.
⑪ 위원회는 제1항에 따른 종합보고서와 위원회 활동내역을 정리한 백서를 각각 발간·공개하여야 한다. 다만, 「공공기관의 정보공개에 관한 법률」 등 다른 법률에 따라 공개가 제한되는 경우와 사생활의 비밀이 침해될 우려가 있는 사항은 공개하지 아니한다.

제43조(세월호 선체 처리 계획) ① 위원회는 정밀조사가 완료된 세월호 선체 처리를 위한 계획을 수립하여야 한다.
② 국가는 세월호 선체 처리를 위하여 필요한 예산을 지원하여야 한다.
③ 제1항에 따른 선체 처리 계획에는 다음 각 호의 사항을 포함하여야 한다.
1. 세월호 선체 처리 기간 및 장소
2. 세월호 선체 처리에 필요한 예산 및 보관기간 동안의 예산 집행계획
3. 세월호 선체 처리에 필요한 조치 및 해당 조치의 시행계획
4. 그 밖에 위원회가 세월호 선체 처리를 위하여 필요하다고 인정하는 사항
④ 해양수산부장관은 제1항에 따른 선체 처리 계획을 이행하고, 이행상황을 매년 국회에 보고하여야 한다.

제44조(사무처의 존속기간) 사무처는 위원회의 잔존사무를 처리하기 위하여 위원회 활동종료 후 3개월간 존속한다.

제5장 벌칙

제45조(벌칙) ① 제38조제1항을 위반하여 위원회의 위원·직원 또는 자문기구의 구성원이나 감정인을 폭행 또는 협박하거나 위계로써 그 직무집행을 방해한 자는 5년 이하의 징역 또는 5천만원 이하의 벌금에 처한다.
② 제39조제1항을 위반하여 조사대상자 및 참고인의 신원이나 조사내용을 공개함으로써 사람 또는 사자(死者)의 명예를 훼손한 자는 3년 이하의 징역 또는 3천만원 이하의 벌금에 처한다.
③ 다음 각 호의 어느 하나에 해당하는 자는 2년 이하의 징역 또는 2천만원 이하의 벌금에 처한다.
1. 제36조를 위반하여 위원회의 직무상 비밀을 누설하거나 위원회의 직무수행 외의 목적을 위하여 이용한 자
2. 제37조를 위반하여 위원회의 위원·직원의 자격을 사칭하거나 위원회의 업무를 위임·위탁 및 공동수행한다고 사칭하여 위원회의 권한을 행사한 자

제46조(과태료) ① 다음 각 호의 어느 하나에 해당하는 자에게는 3천만원 이하의 과태료를 부과한다.
1. 정당한 이유 없이 제26조제1항제5호에 따른 자료 또는 물건의 제출요구에 응하지 아니하거나 거짓 자료 또는 물건을 제출한 자
2. 제26조제1항제7호에 따른 사실조회에 거짓으로 회신한 자
② 다음 각 호의 어느 하나에 해당하는 자에게는 1천만원 이하의 과태료를 부과한다.
1. 정당한 이유 없이 이 법에 따른 조사대상자 및 참고인의 출석을 방해한 자
2. 정당한 이유 없이 제26조제1항제8호에 따른 실지조사를 거부하거나 방해한 자
3. 정당한 이유 없이 제28조에 따른 동행명령에 응하지 아니한 사람
4. 제38조제2항을 위반하여 불이익 처우를 한 자
③ 제1항 및 제2항에 따른 과태료는 대통령령으로 정하는 바에 따라 위원장이 부과·징수한다.
④ 제1항 및 제2항에 따른 과태료의 부과·징수, 재판 및 집행 등의 절차에 관한 사항은 「질서위반행위규제법」을 따른다. 과태료에 관하여는 위원장을 「질서위반행위규제법」 제2조제2호에 따른 행정청으로 본다.

　부칙 〈제14734호, 2017. 3. 21.〉
제1조(시행일) 이 법은 공포한 날부터 시행한다.
제2조(이 법 시행을 위한 준비행위) 이 법 시행을 위하여 필요한 경우에는 이 법 시행 전에 위원, 소속 공무원 및 직원의 임명 등 위원회의 설립 준비행위를 할 수 있다.
제3조(위원 선출) 국회는 이 법이 공포된 날부터 위원 선출을 위한 절차에 착수하여야 한다.

권영빈 權寧彬

변호사. 서울대 법과대학을 졸업하고 사법시험(41회)에 합격,
의정부·논산·대구·광주 지방검찰청 검사를 거쳐 전관예우를 선택하지 않고
2008년부터 서울에 있는 법무법인(유한) 한결에서 변호사로 재직 중, 2014년 말부터
4·16세월호참사 특별조사위원회의 진상규명 소위원회 위원장으로, 2017년 초부터
세월호 선체조사위원회의 제1소위원회 위원장으로 활동했다. 대학 시절 불의에
항거하는 정신을 키웠고, 노동을 존중하며 사회적 약자들을 돕는 가슴 따뜻한 법률가를
지향한다.

심인환 沈仁煥

1996년 서울대학교 조선해양공학과를 졸업하고, 1998년 동 대학원에서 공학석사
학위를 취득했다. 대학원 졸업 후 대우조선해양(주)에서 선박과 해양구조물
선형船型 설계 및 유체 연구 업무를 담당하다 2016년 퇴직했다. 2017년 초부터
세월호 선체조사위원회 전문위원과 보좌관으로 활동했다. 현재 서울대학교
해양시스템공학연구소에서 책임연구원으로 근무하고 있으며, 세월호 참사 진상규명과
관련해서 사회적 참사 특별조사위원회 민간 전문가로 자문 활동도 수행하고 있다.

머나먼 세월호 2: 열린안, 침몰 원인에 대한 과학적 접근

지은이   권영빈, 심인환
펴낸곳   박종철출판사

주소   경기도 고양시 덕양구 화중로104번길 28 (화정동, 씨네마플러스) 704호
전화   031.968.7635(편집) 031.969.7635(영업)
팩스   031.964.7635

초판 1쇄 2022년 3월 3일
초판 2쇄 2022년 3월 30일

값   19,500원

ISBN   978-89-85022-90-3 03330